Apfel-kuchen

Die besten Rezepte –
von klassisch bis raffiniert

EDITION XXL

Inhaltsverzeichnis

Vorwort

Apfelkuchen ist schon ein herrlicher Genuss, bevor er überhaupt auf der Kaffeetafel steht: Bereits beim Backen verströmt er einen wunderbaren Duft, der allen im Haus das Wasser im Mund zusammenlaufen lässt und an den man sich gerne erinnert, wenn man an Großmutters Küche denkt.

Äpfel sind mittlerweile das ganze Jahr über in verschiedenen Sorten verfügbar – deshalb ist zur Freude aller Apfelkuchenfans eigentlich immer Apfelkuchenzeit. Also, worauf warten Sie noch? Erfreuen Sie Ihre Familie und Ihre Gäste mit einem der vielen Apfelkuchenrezepte: vom klassischen gedeckten oder versunkenen Apfelkuchen über den beliebten Apple Pie bis hin zu köstlichen Rezepten mit Baiser, Quark, verschiedenen Nüssen sowie raffinierten Variationen mit Marzipan oder Schokolade – es ist für jeden Geschmack etwas dabei.

Der ausführliche Ratgeber informiert über die verschiedenen Apfelsorten und Backformen, stellt sinnvolle Hilfsmittel zur Vorbereitung der Äpfel zum Backen vor und liefert kreative Anregungen zum Dekorieren Ihres Apfelkuchens. Mit einem der zahlreichen Soßenrezepten wird Ihr ohnehin schon unwiderstehlicher Apfelkuchen eine echte Delikatesse.

Viel Freude beim Backen wünscht Ihnen

Elisabeth Bangert

Der Apfel –

Eine gesunde Frucht mit Geschichte

Wer hat nicht schon einmal den bekannten Spruch gehört: *„An apple a day, keeps the doctor away."* Auf deutsch etwa: „Wer täglich einen Apfel isst, braucht keinen Arzt." Tatsächlich ist der Apfel eine wahre Wunderfrucht und galt schon früh als lebensverlängerndes Heilmittel. Er enthält viele Vitamine (z. B. Vitamin C, B1, B2, B6, E und Provitamin A) sowie Niacin und Folsäure. Außerdem ist er reich an Flavonoiden und Carotinoiden, die das Krebsrisiko verringern und das Fortschreiten degenerativer Erkrankungen wie z. B. Arthrose hemmen.

Der Apfel versorgt den Körper mit Eisen, Magnesium und Kalium, liefert ungesättigte Fettsäuren und harmonisiert durch die enthaltenen Pektine den Cholesterinspiegel. Wer das Kerngehäuse mitisst, kann zudem noch eine kleine Menge Jod aufnehmen. Die Vitamine werden durch die Hitzeeinwirkung beim Backen zwar größtenteils zerstört, aber die Mineralstoffe und teilweise auch die Flavonoide bleiben erhalten.

Die Vielfalt dieser beliebten Frucht ist riesig: Weltweit sind rund 30 000 verschiedene Apfelsorten bekannt. In Deutschland wachsen ca. 1000 verschiedene Sorten, von denen allerdings nur ca. 25 in den Handel kommen. Auch wenn Äpfel hierzulande gut gedeihen, sind sie in Deutschland nicht heimisch. Ursprünglich stammt der Apfel aus dem Kaukasus oder aus dem Himalaya. Durch die Griechen gelangte er in den Mittelmeerraum und durch die Römer, die bereits die Veredelungstechniken für Obstbäume beherrschten, nach Mitteleuropa. Hier begann der systematische Apfelanbau im 6. Jahrhundert, breitete sich dann zunehmend aus und erlangte im 16. Jahrhundert wirtschaftliche Bedeutung. Die gezielte Züchtung von Apfelsorten nahm im 19. Jahrhundert ihren Ausgang. Dabei versuchte man, mehrere positive Eigenschaften miteinander zu kombinieren. Besonders unempfindliche und ertragreiche Sorten sind oftmals das Resultat von Züchtungen.

Die wichtigsten Apfelsorten

Im Vergleich zur Sortenvielfalt des Apfels ist das Angebot im Handel nicht sehr groß und beschränkt sich auf einige wenige wie z. B. Elstar, Jonagold, Boskop, Cox Orange, Idared, Gloster, Granny Smith, Golden Delicious, Stark, Gala, Braeburn, Jonathan und Pink Lady, die z. T. in Übersee angebaut und importiert werden. Natürlich ist es immer gut, auf den heimischen Apfelanbau zurückzugreifen und diesen zu unterstützen – kurze Transportwege kommen der Frische zugute und wirken sich auch positiv auf den Preis aus.

Die meisten im Handel befindlichen Apfelsorten eignen sich auch gut zum Backen. Wenn Sie eine bestimmte Sorte wegen ihres Geschmacks und ihrer Beschaffenheit besonders mögen, können Sie sie mit ziemlicher Sicherheit auch zum Backen von Apfelkuchen verwenden. Grundsätzlich ist es empfehlenswert, eher säuerliche Äpfel einzusetzen, weil sie mit den restlichen süßen Zutaten geschmacklich besser harmonieren. Außerdem ist es bei den meisten Apfelkuchenrezepten für ein sicheres Gelingen nicht sinnvoll, mehlige Äpfel zu verwenden, da sie beim Backen weich und matschig werden können. Verlassen Sie sich bei der Auswahl auf Ihren Geschmack und verwenden Sie zum Backen ruhig Ihre Lieblingssorte – soweit es keine Mostäpfel sind.

Elstar

Elstar ist ein in Deutschland sehr häufig angebauter Apfel. Er wurde 1955 in den Niederlanden gezüchtet und geht auf eine Kreuzung aus den Sorten Golden Delicious und Ingrid Marie zurück. Elstar ist wenig anfällig für Schädlinge und Krankheiten und kann bei guten Lagerbedingungen bis in den Februar hinein aufbewahrt werden. Er ist saftig und leicht säuerlich im Geschmack. Sein Fruchtfleisch ist fest und weißgelb in der Farbe. Zum Backen von Apfelkuchen ist diese Apfelsorte sehr gut geeignet.

Boskop

Über den „Schönen aus Boskoop", wie der Boskop-Apfel eigentlich heißt, wird seit 1856 Buch geführt. Die Sorte ist nicht besonders resistent gegen Krankheiten, was seinen Anbau aufwendig macht. Aufgrund seines säuerlichen Geschmacks ist der Boskop zum Kochen und Backen hervorragend geeignet. Sein Vitamin-C-Gehalt ist sehr hoch und er wird auch als Tafelapfel hoch geschätzt. Bei guten Lagerbedingungen ist diese Sorte lange haltbar und kann bis in den März hinein aufbewahrt werden.

Cox Orange

Dieser Apfel ist insbesondere in England sehr beliebt, wo er in den südlichen Teilen des Landes auch verbreitet angebaut wird. In Deutschland wird er nur selten kultiviert, auch wenn er aufgrund seines besonders aromatischen Geschmacks, der fast schon der einer Birne ähnelt, hierzulande sehr geschätzt wird. Cox Orange ist anfällig für Krankheiten, weshalb sein Anbau nicht sehr ertragreich ist. Für Apfelkuchen ist dieser Apfel hervorragend geeignet. Sein ausgewogener Säuregehalt passt gut zu den restlichen süßen Zutaten. Es ist jedoch nicht verwunderlich, wenn eine Portion Cox Orange, die eigentlich zum Kuchenbacken gedacht war, vorher schon als rohes Obst verzehrt wird.

Gravensteiner

Der Gravensteiner Apfel ist eine alte Apfelsorte, die seit 1669 bekannt ist. Er duftet herrlich, ist von besonders aromatischem Geschmack und hat ein saftiges Fruchtfleisch von leicht gelber Farbe. Der Ertrag ist mittelmäßig, da die Früchte anfällig gegen Krankheiten sind. Auch bei guten Lagerbedingungen lassen sich Gravensteiner nicht lange aufbewahren. Als eine der wohlschmeckendsten Sorten überhaupt ist dieser Apfel auch für Apfelkuchen gut geeignet.

Jonagold

Jonagold ist eine ertragreiche Apfelsorte, die in Deutschland und in ganz Mitteleuropa umfangreich angebaut wird. Entstanden ist sie 1943 durch eine amerikanische Kreuzung aus Golden Delicious und Jonathan. Dieser Apfel wächst an sehr widerstandsfähigen Bäumen, dessen Blüten, Blätter und Früchte vergleichsweise unempfindlich sind. Die großen Früchte sind gelbfleischig, saftig, knackig und ausgewogen süß. Sie können bei guter Lagerung lange aufbewahrt werden. Jonagold sind sehr gut zum Backen von Apfelkuchen geeignet. Gegebenenfalls sollte die Zuckermenge bei den Backzutaten etwas reduziert werden.

Idared

Diese Äpfel stammen von einem ertragreichen und widerstandsfähigen Baum, jedoch sind sie nicht besonders aromatisch. Idared sind 1935 aus einer Kreuzung von Jonathan und Wagenerapfel entstanden, wodurch eine Frucht mit guten Lagereigenschaften entwickelt wurde. Aufgrund ihres feinsäuerlichen Geschmacks können Idared auch zum Backen von Apfelkuchen verwendet werden, jedoch entwickeln sie auch beim Backen nicht mehr Geschmacksstoffe als in rohem Zustand.

Granny Smith

Der für seine frisch-grüne Schale bekannte Apfel ist eine zufällige Züchtung aus Australien, die bereits 1868 als Sämling gefunden wurde. 1935 gelangte die Sorte nach England und wurde ab 1950 in ganz Mitteleuropa bekannt. Der Baum benötigt ein gemäßigtes Klima, die Früchte zum Reifen eine lange Wachstumsperiode, weshalb er sich für einen ertragreichen Anbau in Nord- und Mitteleuropa nicht eignet. Die meisten Früchte dieser Sorte werden importiert, was sie wegen ihrer Widerstandsfähigkeit auch schadlos überstehen. Bei guter Lagerung sind die Früchte lange haltbar. Aufgrund seines säuerlichen Geschmacks und des geringen Zuckergehalts ist der Granny Smith zum Backen und Kochen sehr gut geeignet.

Golden Delicious

Dieser beliebte Apfel geht auf einen Zufallssämling zurück, der 1905, vielleicht aber schon 1890 in den USA entdeckt wurde. Die Bäume haben einen beständig hohen Ertrag, weshalb Golden Delicious weltweit eine der wichtigsten Apfelsorten ist. Die süßen Früchte sind sehr aromatisch und enthalten nur wenig Säure. Verwendet man sie zum Kuchenbacken, ist es empfehlenswert, die Zuckermenge bei den Teigzutaten etwas zu reduzieren.

Zubehör und Tipps

Apfelausstecher

Das Kerngehäuse lässt sich am besten mit einem speziellen Apfelausstecher entfernen. So kann der Apfel auch als ganze Frucht weiterverarbeitet werden. Legen Sie den Apfel dabei auf eine geeignete Arbeitsunterlage wie z. B. ein Holzbrett und stechen Sie das Kerngehäuse mit der ringförmigen Klinge vom Stiel- zum Blütenansatz aus der Frucht. Achten Sie darauf, dass das Werkzeug genau um die Mitte des Kerngehäuses angesetzt wird, da sonst beim Herausstechen Reste im Apfel verbleiben können. Dafür sollten Sie den Apfel am Stiel- und Blütenansatz genau betrachten. Manchmal sitzt das Kerngehäuse im Verhältnis zur Auflagefläche schief in der Frucht. Schneiden Sie es mit kräftigem Druck aus dem Apfel heraus und ziehen Sie den Ausstecher danach wieder aus der Frucht. Das Kerngehäuse bleibt dabei im Ausstecher stecken und kann durch das Entfernen des Kerngehäuses aus einem weiteren Apfel oder mithilfe eines kleinen Küchenmessers herausgelöst werden.

Sparschäler

Fürs schnelle Schälen von Äpfeln ist ein Sparschäler hilfreich. Damit lässt sich die Schale sparsam abschneiden, ohne dass zu viel Fruchtfleisch daran hängen bleibt. Beim sorgfältigen Arbeiten mit einem Sparschäler erhält der Apfel eine gleichmäßig gewölbte Oberfläche, was sich bei manchen Apfelkuchenrezepten positiv auf die Optik auswirkt.

Apfelteiler mit Ausstecher

Wenn Sie den Apfel in Achteln oder noch kleineren Stücken weiterverarbeiten wollen, können Sie nach dem Schälen einen Apfelteiler verwenden. Dabei kann das Entfernen des Kerngehäuses und das Zerschneiden des Apfels in einem Arbeitsgang erfolgen. Setzen Sie die ringförmige Klinge über den Stielansatz und drücken Sie den Apfelteiler über die gesamte Frucht. Der Apfel zerfällt dabei in das Kerngehäuse und 8 bis 12 Schnitze – je nach Aufbau des Apfelteilers.

Beträufeln mit Zitronensaft

Äpfel enthalten Flavonoide und Enzyme, die beim Anschneiden des Apfels mit dem Sauerstoff in der Luft reagieren und die bräunliche Farbe des Fruchtfleischs verursachen. Um das zu verhindern, kann man die Apfelstücke mit Frischhaltefolie abdecken. Besonders wirksam ist es jedoch, die Äpfel mit Zitronensaft zu beträufeln. Dabei reagiert das im Zitronensaft enthaltene Vitamin C anstelle der Inhaltsstoffe des Apfels mit dem Sauerstoff und die bräunliche Färbung des Fruchtfleischs wird vermieden.

Backformen

Springform, Tarte- und Pie-Form

Zum Backen von Apfelkuchen sind Springformen gut geeignet. Sie sind in verschiedenen Ausführungen und mit unterschiedlichem Durchmesser erhältlich. Besonders empfehlenswert sind Backformen mit keramischer Beschichtung. Sie sind sehr strapazierfähig, langlebig und im Hinblick auf eventuelle chemische Reaktionen zwischen Teig oder Füllung und Beschichtung bzw. Metall unbedenklich. Auch beschichtete Springformen sollten gut eingefettet werden.

Tarte-Formen können ebenfalls verwendet werden. Mittlerweile sind sie auch mit herausnehmbarem Boden erhältlich, wodurch es einfach ist, den Kuchen aus der Form zu lösen. Dennoch sollten sie stets gut mit Butter eingefettet und mit Mehl ausgestreut werden.

Klassische Pie-Formen sind normalerweise aus Keramik mit einem Durchmesser von 22, 24 oder 26 cm und haben einen stark schräg abfallenden und hohen Rand. Sie sind auch aus beschichtetem Metall erhältlich, aus dem sie dann leichter herausgenommen werden können. Oft wird ein Pie noch warm in der Form in Stücke geschnitten und serviert. In diesem Fall ist Keramik als Material zu bevorzugen, dessen Oberfläche durch das Schneiden mit dem Messer nicht beschädigt wird.

Backbleche und rechteckige Backformen

Apfelkuchen mit Mürbe- oder Hefeteig lassen sich auch gut auf einem Backblech oder in einer rechteckigen Backform backen. Möchten Sie einen Apfelkuchen mit Keksteigboden backen, ist eine Springform besser geeignet. Kleiden Sie das Backblech vor dem Belegen mit Teig am besten mit Backpapier aus oder fetten Sie es gut ein.

Soßen und Verzierungen

Karamellsoße

Zutaten:
40 g Butter
140 g Zucker
220 ml süße Sahne

Zubereitung:
Die Butter in einer Pfanne schmelzen. Den Zucker einstreuen und karamellisieren. Unter Rühren mit der Sahne ablöschen. Den Karamell vom Boden lösen und alles dickflüssig einkochen lassen. Die Soße in eine Schüssel füllen und abkühlen lassen.

Vanillesoße

Zutaten:
1 Vanilleschote
1 Eigelb
2–3 EL Zucker
1 EL Speisestärke
500 ml Milch

Zubereitung:
Die Vanilleschote aufschneiden und das Mark herauskratzen. Das Eigelb in einen Topf geben. Den Zucker und das Mark der Vanilleschote hinzufügen und alles schaumig schlagen. Die Speisestärke dazugeben und klümpchenfrei verrühren. Dann die Milch angießen und unter Rühren aufkochen lassen. Die Vanillesoße noch warm zum Kuchen servieren.

Zimt-Sahne-Soße

Zutaten:
1 Eigelb
2–3 EL Zucker
1 EL Zimt, gemahlen
1 EL Speisestärke
500 ml Milch

Zubereitung:
Das Eigelb in einen Topf geben. Den Zucker und den Zimt hinzufügen und alles schaumig schlagen. Die Speisestärke dazugeben und klümpchenfrei verrühren. Dann die Milch angießen und unter Rühren aufkochen lassen. Die Soße noch warm oder kalt zum Kuchen servieren.

Weinschaumsoße

Zutaten:
2 Eigelb
3 EL Zucker
1 EL Speisestärke
250 ml Weißwein (z. B. Riesling)

Zubereitung:
Die Eigelbe in eine Metallschüssel geben. Den Zucker hinzufügen und alles schaumig schlagen. Die Speisestärke dazugeben, verrühren und den Wein angießen. Die Schüssel ins heiße Wasserbad stellen und die Soße unter Rühren andicken lassen. Die Schüssel aus dem Wasserbad nehmen und unter gelegentlichem Umrühren abkühlen lassen. Die Soße bis zum Servieren im Kühlschrank kühlen.

Apfelwein-Zimt-Soße

Zutaten:
2 Eigelb
3 EL Zucker
2 TL Zimt
1 EL Speisestärke
250 ml Apfelwein

Zubereitung:
Die Eigelbe in eine Metallschüssel geben. Den Zucker und den Zimt hinzufügen und alles schaumig schlagen. Die Speisestärke dazugeben, verrühren und den Wein angießen.

Die Schüssel ins heiße Wasserbad stellen und die Soße unter Rühren andicken lassen. Die Schüssel aus dem Wasserbad nehmen und unter gelegentlichem Umrühren abkühlen lassen. Die Soße bis zum Servieren im Kühlschrank kühlen.

Holundersoße

Zutaten:
400 ml Holundersaft
2 TL Zitronensaft
4 EL Zucker
2 EL Speisestärke

Zubereitung:
Den Holundersaft mit dem Zitronensaft vermischen. Den Zucker und die Speisestärke einrühren. Unter Rühren erhitzen und andicken lassen. Abkühlen und kalt servieren.

Verzierungen

Ein gedeckter Apfelkuchen oder ein Apple Pie kann auf verschiedene Weise verziert werden. Natürlich kann der Kuchen mit einem einfachen Teigdeckel abgedeckt werden. Sie können den Deckel aber ebenso durch ein dekoratives Teiggitter ersetzen: Schneiden Sie den ausgerollten Teig in 1,5 cm breite Streifen. Legen Sie die Streifen auf ein Stück Backpapier und „weben" Sie über-unter-über daraus ein Gitter.

Lassen Sie das Teiggitter vom Backpapier auf den fertigen Kuchen gleiten. Schneiden Sie die überstehenden Stücke zurück und drücken Sie das Gitter am Rand des Kuchens fest.

Der Kuchen kann auch mit ausgestochenen oder ausgeschnittenen Blättern oder Blumen verziert werden. Rollen Sie den Teig auf einer bemehlten Arbeitsfläche aus und schneiden Sie die gewünschten Formen aus. Sie können dafür auch Ausstechförmchen verwenden. Ordnen Sie die ausgestochenen Teigformen möglichst dicht auf dem Kuchen an, ohne allzu große Abstände entstehen zu lassen. Der Kuchen kann vor dem Backen mit Zucker bestreut oder mit verquirltem Eigelb bestrichen werden.

Werden die Äpfel in feine Spalten geschnitten und auf einem Hefe-, Rühr- oder Mürbteig angeordnet, können sie kunstvoll überlappend daraufgelegt werden.

Gedeckter Apfelkuchen

Zutaten: **Für 1 Springform (Ø 24 cm)**

Für den Mürbeteig:
300 g Weizenmehl
100 g Zucker
1 Prise Salz
2 EL süße Sahne
200 g kalte Butter

Für den Belag:
1 kg Äpfel, z. B. Boskop
50 g Rosinen
50 g Zucker
Saft von ½ Zitrone
2 cl Rum
1 Eigelb
2 EL süße Sahne

Außerdem:
Butter für die Form
Mehl für die Arbeitsfläche

Zubereitung:

1. Das Mehl mit dem Zucker und dem Salz mischen und eine Mulde hineindrücken. Die Sahne in die Mulde schütten und die Butter in Flöckchen auf dem Rand verteilen. Alles rasch zu einem geschmeidigen Teig kneten, in Folie wickeln und 30 Minuten im Kühlschrank ruhen lassen.

2. Etwa ⅔ des Teigs abtrennen und auf einer bemehlten Arbeitsfläche etwas größer als die Springform ausrollen. Die Springform mit Butter einfetten und mit dem ausgerollten Teig auslegen. Dabei einen Rand formen und gut andrücken.

3. Aus dem restlichen Teig einen Deckel in der Größe der Springform ausrollen. Bemehlen und zum leichteren Auflegen auf den Kuchen über das Nudelholz schlagen. Den Backofen auf 180 °C (Umluft 160 °C) vorheizen.

4. Für den Belag die Äpfel schälen, vierteln und das Kerngehäuse entfernen. Die Apfelviertel in feine Scheiben schneiden und in eine Schüssel geben. Mit den Rosinen, dem Zucker, dem Zitronensaft und dem Rum mischen. Auf den Teigboden füllen und gleichmäßig darauf verteilen.

5. Den Teigdeckel mit Hilfe des Nudelholzes auf den Kuchen legen und die Ränder gut andrücken. Den Deckel mehrmals mit einer Gabel einstechen. Das Eigelb mit der Sahne verrühren und den Deckel damit bestreichen. Im Backofen auf der mittleren Schiebeleiste ca. 1 Stunde backen, bis der Kuchen goldbraun ist. Den Kuchen bei Bedarf mit einem Stück Backpapier abdecken, damit er nicht zu stark bräunt. Herausnehmen und auskühlen lassen. Vorsichtig aus der Form lösen und in Stücke geschnitten servieren.

„Tu deinem Leib etwas Gutes, damit deine Seele Lust hat, darin zu wohnen.“

Teresa von Ávila

Versunkener Apfelkuchen

Zutaten: **Für 1 Springform (Ø 26 cm)**

Für den Teig:
180 g weiche Butter
160 g Zucker
2 EL Vanillezucker
1 Prise Salz
4 Eier
200 g Weizenmehl
2 TL Backpulver
160 g gemahlene Mandeln
120 ml Milch

Für den Belag:
10 kleine Äpfel
2 EL Zitronensaft
2–3 EL Puderzucker
2–3 EL Hagelzucker

Außerdem:
Butter und Mehl für die Form

Zubereitung:

1. Den Backofen auf 180 °C (Umluft 160 °C) vorheizen. Die Springform mit Butter einfetten und mit Mehl ausstreuen.

2. Für den Teig die Butter mit dem Zucker, dem Vanillezucker und dem Salz cremig rühren. Nach und nach die Eier dazugeben und alles schaumig schlagen. Das Mehl mit dem Backpulver und den Mandeln mischen. Die Mehlmischung abwechselnd mit der Milch unterrühren und alles zu einem glatten Teig verarbeiten. Den Teig in die Springform füllen und glatt streichen.

3. Für den Belag die Äpfel schälen und halbieren. Das Kerngehäuse entfernen und die Wölbung der Äpfel mehrmals einschneiden und mit dem Zitronensaft beträufeln. Mit der Wölbung nach oben in den Teig drücken.

4. Den Kuchen ca. 50 Minuten im Backofen auf der mittleren Schiebeleiste backen und nach der Stäbchenprobe herausnehmen. Den fertigen Kuchen auskühlen lassen und vorsichtig aus der Form lösen. Mit Puderzucker und Hagelzucker bestreut servieren.

Kinderlied

Backe, backe, Kuchen,
der Bäcker hat gerufen.
Wer will guten Kuchen backen,
der muss haben sieben Sachen:
Eier und Schmalz,
Butter und Salz,
Milch und Mehl,
Safran macht den Kuchen gehl.
Schieb, schieb in'n Ofen rein.
(*Morgen muss er fertig sein.*)

Backe, backe Kuchen,
der Bäcker hat gerufen,
hat gerufen die ganze Nacht,
(*Name des Kindes*) hat keinen Teig gebracht,
kriegt er auch kein' Kuchen.

„Man kann keinen Eierkuchen backen,
ohne ein paar Eier zu zerschlagen."

Napoleon Bonaparte

Apfel-Zimt-Kuchen

Zutaten: **Für 1 Tarte-Form (Ø 22 cm)**

Für den Teig:
150 g weiche Butter
100 g Zucker
1 Prise Salz
3 Eier
300 g Weizenmehl
1 TL Backpulver
50 g gemahlene Mandeln
60 ml Milch

Für den Belag:
2 säuerliche Äpfel
2 EL Zitronensaft
1 TL gemahlener Zimt

Außerdem:
Butter und Mehl für die Form

Zubereitung:

1. Den Backofen auf 180 °C (Umluft 160 °C) vorheizen. Die Backform mit Butter einfetten und mit Mehl ausstreuen.

2. Für den Belag die Äpfel schälen und vierteln. Das Kerngehäuse entfernen und die Viertel in Scheiben schneiden. Mit dem Zitronensaft beträufeln und mit dem Zimt bestreuen.

3. Für den Teig die Butter mit dem Zucker und dem Salz cremig rühren. Nach und nach die Eier dazugeben und alles schaumig schlagen. Das Mehl mit dem Backpulver und den Mandeln vermischen. Die Mehlmischung abwechselnd mit der Milch unterrühren und alles zu einem gleichmäßigen Teig verarbeiten.

4. Die Äpfel unterziehen und alles in die Backform füllen. Den Teig glatt streichen und im Backofen auf der mittleren Schiebeleiste ca. 40 Minuten goldbraun backen. Den Kuchen nach der Stäbchenprobe herausnehmen und auf einem Kuchengitter auskühlen lassen. In Stücke geschnitten servieren.

Tipp

Soll der Kuchen etwas süßer sein, kann er nach dem Herausnehmen mit einer Zucker-Zimt-Mischung bestreut werden. Vermischen Sie 2 TL Zucker mit ½ TL Zimt und sieben Sie das Gemisch über den warmen Kuchen. Diese Apfelkuchenvariation passt übrigens gut in die Advents- und Weihnachtszeit.

„Versuchungen sollte man nachgeben.
Wer weiß, ob sie wiederkommen!“
Oscar Wilde

Apfel-Weißwein-Kuchen

Zutaten: Für 1 Springform (Ø 22 cm)

Für den Mürbeteig:
350 g Weizenmehl
120 g Zucker
1 Prise Salz
1 Ei
200 g Butter

Für den Belag:
600 g Äpfel
60 ml Weißwein
2 EL Zucker
½ Zimtstange
1 Sternanis
2 Gewürznelken
Saft von ½ Zitrone

Außerdem:
Butter für die Form
Mehl für die Arbeitsfläche

Zubereitung:

1. Für den Teig das Mehl mit dem Zucker und dem Salz mischen. Auf eine Arbeitsfläche häufen und in die Mitte eine Mulde drücken. Das Ei hineingeben und die Butter in Flöckchen auf dem Muldenrand verteilen. Alles rasch zu einem geschmeidigen Teig verkneten und zu einer Kugel formen. Den Teig in Frischhaltefolie wickeln und 30 Minuten im Kühlschrank kühlen.

2. Den Backofen auf 180 °C (Umluft 160 °C) vorheizen und die Springform mit Butter einfetten.

3. Für den Belag die Äpfel schälen, vierteln, vom Kerngehäuse befreien und in schmale Spalten schneiden. 150 g davon abwiegen, in kleine Würfel schneiden und in einen Topf geben. Den Wein, den Zucker und die Gewürze dazugeben und zum Kochen bringen. Bei mittlerer Hitzezufuhr ca. 5 Minuten dünsten, bis die Äpfel weich sind. Die Gewürze entfernen und die Äpfel mit einem Pürierstab pürieren. Die restlichen Apfelspalten und den Zitronensaft dazugeben. Alles gut vermischen und abkühlen lassen.

4. Den Mürbeteig in zwei Hälften teilen und eine Teighälfte auf einer bemehlten Arbeitsfläche in Größe der Springform ausrollen. Die Springform damit auskleiden und die Apfelmasse darauf verteilen. Den restlichen Teig mit den Handflächen zu Streuseln reiben und auf die Apfelmasse streuen.

5. Den Kuchen im Backofen auf der mittleren Schiebeleiste ca. 40 Minuten backen, bis er goldgelb ist. Herausnehmen, auskühlen lassen und vorsichtig aus der Form lösen. In Stücke geschnitten servieren.

Apfeltarte

Zutaten: Für 1 Tarte-Form (Ø 28 cm)

Für den Mürbeteig:
150 g Weizenmehl
50 g gemahlene Mandeln
1 Ei
75 g Zucker
1 Prise Salz
100 g kalte Butter

Für den Belag:
3–4 säuerliche Äpfel
2 EL Zitronensaft
50 g Butter
100 g Zucker
75 ml Apfelsaft

Außerdem:
Butter für die Form
Mehl für die Arbeitsfläche

Zubereitung:

1. Für den Teig das Mehl mit den Mandeln mischen und auf eine Arbeitsfläche geben. In die Mitte eine Mulde drücken. Das Ei, den Zucker und das Salz hineingeben und die Butter in Flöckchen auf dem Muldenrand verteilen. Alles rasch zu einem geschmeidigen Teig verkneten. Bei Bedarf etwas kaltes Wasser oder Mehl hinzufügen. Den Teig zu einer Kugel formen. In Frischhaltefolie wickeln und ca. 30 Minuten im Kühlschrank kühlen.

2. Den Backofen auf 200 °C (Umluft 180 °C) vorheizen. Die Tarte-Form mit Butter einfetten.

3. Für den Belag die Äpfel schälen und in Viertel schneiden. Das Kerngehäuse entfernen und die Viertel in Spalten schneiden. Mit dem Zitronensaft beträufeln.

4. Den Teig auf einer bemehlten Arbeitsfläche etwas größer als die Tarte-Form ausrollen und die Form damit auskleiden. Die Äpfel dachziegelartig einschichten und die Hälfte der Butter in kleinen Flöckchen darauf verteilen. Im Backofen auf der mittleren Schiebeleiste ca. 40 Minuten backen.

5. Den Zucker in einem Topf goldbraun karamellisieren lassen und mit dem Apfelsaft ablöschen. Von der Herdplatte nehmen und nach und nach die übrige Butter unterrühren.

6. Den Kuchen aus dem Backofen nehmen, mit der Karamellsoße beträufeln und auskühlen lassen. In Scheiben geschnitten servieren.

Apple Pie

Zutaten: **Für 1 Pie-Form (Ø 26 cm)**

Für den Teig:
300 g Weizenmehl
1 TL Salz
175 g Butter

Für die Füllung:
5–6 große Äpfel, z. B. Boskop oder Jonagold
125 g Zucker
30 g Weizenmehl
1 TL gemahlener Zimt
½ TL frisch geriebene Muskatnuss
1 Prise Salz
20 g Butter

Außerdem:
Mehl für die Arbeitsfläche

Zubereitung:

1. Für den Teig das Mehl und das Salz in eine große Schüssel geben. Die Butter in Würfel schneiden und dazugeben. 4–5 EL kaltes Wasser hinzufügen und alles zu einem festen, geschmeidigen Teig verkneten. Den Teig in zwei Teile teilen, in Frischhaltefolie wickeln und ca. 30 Minuten im Kühlschrank kühlen.

2. Währenddessen für die Füllung die Äpfel schälen und vierteln. Das Kerngehäuse entfernen und die Viertel in Scheiben schneiden. 100 g Zucker mit dem Mehl, dem Zimt, dem Muskat und dem Salz vermengen, dann die Äpfel untermischen.

3. Den Backofen auf 200 °C (Umluft 180 °C) vorheizen. Beide Teigstücke auf einer bemehlten Arbeitsfläche etwas größer als die Pie-Form ausrollen und die Form mit einem Teigkreis auslegen. Dabei einen Rand formen und diesen leicht andrücken. Die Äpfel einfüllen und gleichmäßig verteilen.

4. Die Butter in Flöckchen daraufstreuen und den Kuchen mit dem Teigdeckel zudecken. Den Rand andrücken und am besten mit einem Kochlöffelstiel geriffelt eindrücken. Den Deckel 5- bis 6-mal einritzen und nach Belieben aus den Teigresten Motive wie z. B. Blätter oder Blumen formen. Den Pie damit verzieren und mit dem übrigen Zucker bestreuen.

5. Im Backofen auf der mittleren Schiebeleiste ca. 50 Minuten backen, bis der Pie goldbraun ist. Nach Belieben warm servieren oder auskühlen lassen.

„*As American as Apple Pie*“ – so amerikanisch wie Apfelkuchen. Aus dieser Redewendung geht hervor, dass der Apple Pie ein typisch amerikanisches Gebäck ist. Er wird in den USA zu Thanksgiving gerne als Nachtisch serviert und kann auch lauwarm zusammen mit Vanilleeis oder Vanillesoße serviert werden.

Gedeckter Apfelweinkuchen

Zutaten: **Für 1 Springform (Ø 26 cm)**

Für den Mürbeteig:
300 g Weizenmehl
1 Ei
100 g Zucker
1 Prise Salz
200 g Butter

Für die Füllung:
1½ kg säuerliche Äpfel
50 ml Apfelwein
60 g Zucker
2 TL gemahlener Zimt
75 g Mandelstifte

Außerdem:
Butter für die Form
Mehl für die Arbeitsfläche
Puderzucker zum Bestäuben

Zubereitung:

1. Für den Teig das Mehl auf die Arbeitsfläche geben und in die Mitte eine Mulde drücken. Das Ei, den Zucker und das Salz hineingeben und die Butter in Flöckchen auf dem Muldenrand verteilen. Alles rasch zu einem geschmeidigen Teig verarbeiten. Den Teig zu einer Kugel formen und in Frischhaltefolie wickeln. Ca. 30 Minuten im Kühlschrank kühlen.

2. Den Backofen auf 200 °C (Umluft 180 °C) vorheizen. Die Springform mit Butter einfetten.

3. Den Teig im Verhältnis 1:3 aufteilen und beide Teigstücke auf einer bemehlten Arbeitsfläche ausrollen. Das kleinere Teigstück auf die Größe der Springform, das zweite etwas größer ausrollen. Mit dem größeren Teigstück die Form auskleiden.

4. Für den Belag die Äpfel schälen und in Viertel schneiden. Das Kerngehäuse entfernen und die Viertel in Scheiben schneiden. Mit dem Apfelwein, dem Zucker, dem Zimt sowie den Mandeln vermischen und auf den Teigboden geben. Den kleineren Teigkreis auf die Füllung legen. Den oberen mit dem unteren Teigrand gut zusammendrücken und mit einer Gabel Muster eindrücken.

5. Im Backofen auf der mittleren Schiebeleiste ca. 50 Minuten backen, bis der Kuchen goldbraun ist. Bei Bedarf mit einem Stück Alufolie abdecken, um zu verhindern, dass der Kuchen zu dunkel wird. Den Kuchen aus dem Backofen nehmen und in der Form auskühlen lassen. Vorsichtig aus der Form lösen und mit Puderzucker bestäuben. In Stücke schneiden und nach Belieben mit Schlagsahne servieren.

„Im Alter bereut man vor allem die Sünden,
die man nicht begangen hat.“

William Somerset Maugham

Appeltaart

Apfelkuchen aus den Niederlanden

Zutaten: **Für 1 Springform (Ø 24 cm)**

Für den Mürbeteig:
1 unbehandelte Zitrone
300 g Weizenmehl
100 g Zucker
2 Eier
200 g Butter

Für die Füllung:
6 cl Rum
200 g Rosinen
1½ kg säuerliche Äpfel
100 g Zucker
1 TL gemahlener Zimt
1 Eigelb
1 EL süße Sahne

Außerdem:
Mehl für die Arbeitsfläche
Butter für die Form

Zubereitung:

1. Den Rum leicht erwärmen und über die Rosinen geben. Etwa 2 Stunden ziehen lassen.

2. Für den Teig die Zitrone heiß abwaschen und abtrocknen. Die Schale abreiben und den Saft auspressen. Den Saft für die Zubereitung der Füllung beiseitestellen. Das Mehl auf eine Arbeitsfläche sieben und in die Mitte eine Mulde drücken. Die Zitronenschale, den Zucker und die Eier hineingeben. Die Butter in Flöckchen auf dem Muldenrand verteilen. Alles zu einem geschmeidigen Teig verarbeiten. Den Teig zu einer Kugel formen, in Frischhaltefolie wickeln und ca. 1 Stunde im Kühlschrank kühlen.

3. Anschließend etwa ⅔ des Teigs etwas größer als die Form auf einer bemehlten Arbeitsfläche ausrollen. Die Springform mit Butter einfetten und mit dem ausgerollten Teig auskleiden, dabei den Rand gut andrücken. Den restlichen Teig 3–4 mm dick ausrollen und in ca. 1 cm breite Streifen schneiden. Den Backofen auf 200 °C (Umluft 180 °C) vorheizen.

4. Die Äpfel schälen und vierteln. Das Kerngehäuse entfernen und die Viertel in Stücke schneiden. Die Äpfel mit den Rum-Rosinen, dem Zucker, dem Zitronensaft und dem Zimt vermischen. In die Form auf den Kuchenboden geben und mit den Teigstreifen gitterartig belegen. Das Eigelb mit der Sahne verrühren und die Teigstreifen damit bepinseln.

5. Im Backofen auf der mittleren Schiebeleiste ca. 1 Stunde backen. Sollte der Kuchen zu dunkel werden, kann er mit Alufolie oder einem Stück Backpapier abgedeckt werden. Aus dem Backofen nehmen und etwas abkühlen lassen. Vorsichtig aus der Form lösen und noch lauwarm oder abgekühlt servieren. Nach Belieben mit Schlagsahne anrichten.

„Einst hatt' ich einen schönen Traum;
da sah ich einen Apfelbaum.
Zwei schöne Äpfel glänzten dran,
sie reizten mich, ich stieg hinan."

Johann Wolfgang von Goethe

Äpfel-Butter-Kuchen

Zutaten:

Für 1 Backblech (30 × 40 cm)

Für den Hefeteig:
500 g Weizenmehl
1 Würfel Frischhefe
200 ml lauwarme Milch
80 g Zucker
1 Prise Salz
1 Ei
100 g weiche Butter

Für den Belag:
1½ kg Äpfel
3 EL Zitronensaft
150 g Zucker
120 g Butter
3 EL süße Sahne
120 g Mandelblättchen

Zubereitung:

1. Für den Teig das Mehl in eine Schüssel sieben und in die Mitte eine Mulde drücken. Die Hefe hineinbröckeln, 2–3 EL Milch dazugeben und mit etwas Mehl vom Rand bestreuen. Zugedeckt an einem warmen Ort ca. 20 Minuten gehen lassen.

2. Die restliche Milch, den Zucker, das Salz, das Ei und die Butter in Stücken dazugeben. Alles zu einem geschmeidigen Teig verkneten. Abdecken und ca. 40 Minuten an einem warmen Ort gehen lassen.

3. Für den Belag die Äpfel waschen, vierteln und das Kerngehäuse entfernen. Jedes Viertel längs in dünne Spalten schneiden und mit Zitronensaft beträufeln.

4. Den Backofen auf 180 °C (Umluft 160 °C) vorheizen. Das Backblech mit Backpapier auslegen. Den Teig auf einer bemehlten Arbeitsfläche auf die Größe des Backblechs ausrollen, darauflegen und mit 3 EL Zucker bestreuen. Die Äpfel dachziegelartig auf dem Teig verteilen.

5. Die Butter mit dem restlichen Zucker und der Sahne aufkochen. Die Mandeln hinzufügen, alles verrühren und den Topf anschließend vom Herd nehmen. Die Mandelmasse etwas abkühlen lassen und auf den Äpfeln verteilen. Im Backofen auf der mittleren Schiebeleiste ca. 45 Minuten backen.

Apfel-Eierlikör-Streusel

Zutaten: Für 1 Backblech (30 × 40 cm)

Für den Teig:
175 g weiche Butter
150 g Zucker
1 Prise Salz
4 Eier
400 g Weizenmehl
2 TL Backpulver
100 ml Milch

Für den Belag:
1 kg Äpfel
Saft einer Zitrone
2 EL Speisestärke
2 EL Vanillezucker

Für die Streusel:
100 g Weizenmehl
150 g gemahlene Mandeln
100 ml Eierlikör
50 g Zucker
75 g Butter

Außerdem:
Mehl für das Backblech
Puderzucker zum Bestäuben

Zubereitung:

1. Den Backofen auf 180 °C (Umluft 160 °C) vorheizen. Das Backblech mit Backpapier auslegen und mit Mehl bestreuen. Für den Teig die Butter mit dem Zucker und dem Salz cremig rühren. Nach und nach die Eier dazugeben und alles schaumig schlagen. Das Mehl mit dem Backpulver vermischen. Abwechselnd mit der Milch unter die Masse rühren und alles zu einem gleichmäßigen Teig verarbeiten. Den Teig auf das Blech streichen.

2. Für den Belag die Äpfel schälen und vierteln. Das Kerngehäuse entfernen und die Viertel in kleine Stücke schneiden. Mit dem Zitronensaft beträufeln und mit der Speisestärke sowie dem Vanillezucker vermischen. Die Äpfel nun auf dem Teig verteilen.

3. Für die Streusel das Mehl mit den Mandeln, dem Eierlikör und dem Zucker vermischen. Die Butter in Flöckchen dazugeben und mit den Handflächen Streusel herstellen. Die Streusel über die Äpfel geben.

4. Den Kuchen im Backofen auf der mittleren Schiebeleiste ca. 50 Minuten backen, bis er goldbraun ist. Aus dem Backofen nehmen und auskühlen lassen. Mit Puderzucker bestäuben und in Stücke geschnitten servieren.

Apfel-Schneckennudeln

Zutaten: **Für 1 Backform (ca. 26 × 40 cm)**

Für den Hefeteig:
750 g Weizenmehl
140 g Zucker
1 Prise Salz
1½ Würfel Frischhefe
300 ml lauwarme Milch
150 g weiche Butter
2 Eier

Für die Füllung:
700 g säuerliche Äpfel, z. B. Granny Smith
Saft einer Zitrone
100 g Rosinen
80 ml brauner Rum
60 g Butter
1 TL gemahlener Zimt
5 EL Zucker
5 EL Apfelgelee

Außerdem:
Butter für die Form
Mehl für die Arbeitsfläche

Zubereitung:

1. Für den Teig das Mehl mit dem Zucker und dem Salz in eine Schüssel geben und vermischen. In die Mitte eine Mulde drücken, die Hefe hineinbröckeln und die Milch dazugeben. Den Vorteig mit etwas Zucker bestreuen und die Schüssel abdecken. Ca. 10 Minuten an einen warmen Ort stellen und den Vorteig gehen lassen.

2. Die Butter in Flöckchen sowie die Eier hinzufügen. Mit den Händen oder den Knethaken eines elektrischen Handrührgerätes alles zu einem geschmeidigen Teig verarbeiten. Den Teig so lange kneten, bis er sich vom Schüsselrand löst. Den Teig in der Schüssel abdecken und erneut an einem warmen Ort ca. 1 Stunde gehen lassen.

3. In der Zwischenzeit für die Füllung die Äpfel schälen, vierteln und das Kerngehäuse entfernen. Die Äpfel in kleine Würfel schneiden und mit dem Zitronensaft beträufeln. Die Rosinen in den Rum einweichen. Die Butter in einem Topf schmelzen und beiseitestellen.

4. Die Backform mit Butter einfetten. Den Teig auf einer bemehlten Arbeitsfläche nochmals gut durchkneten und in zwei Teile teilen. Die Teigstücke zu zwei Quadraten von ca. 35 × 35 cm ausrollen und mit der zerlassenen Butter bestreichen.

5. Die Rosinen aus dem Rum nehmen und gut ausdrücken. Mit den Äpfeln, dem Zimt und 3 EL Zucker vermischen. Die Füllung auf den Teigstücken verteilen und den Teig fest aufrollen. Die gefüllten Teigrollen in Stücke von ca. 2,5 cm schneiden und diese mit der Schnittfläche nach oben in die Backform setzen. Die Teigstücke weitere 15 Minuten gehen lassen.

6. In der Zwischenzeit den Backofen auf 200 °C (Umluft 180 °C) vorheizen. Die Teigstücke mit der restlichen zerlassenen Butter bestreichen und mit dem übrigen Zucker bestreuen. Im Backofen auf der mittleren Schiebeleiste 40–45 Minuten backen.

7. Das Apfelgelee leicht erwärmen und das Gebäck nach dem Herausnehmen damit bestreichen. Das Gelee etwas antrocknen lassen und die Schneckennudeln nach Belieben mit Vanillesoße servieren.

„Beurteile ein Mädchen beim Backtrog
und nicht beim Tanze.“

Dänisches Sprichwort

Lumberjack Cake

Apfel-Dattel-Kuchen aus den USA

Zutaten: **Für 1 Backform (ca. 20 × 25 cm)**

Für den Teig:
2 Äpfel
250 g entsteinte Datteln
1 TL Backpulver
125 g weiche Butter
200 g Zucker
2 EL Vanillezucker
1 Ei
200 g Weizenmehl

Für die Kokosschicht:
60 g Butter
100 g brauner Zucker
100 ml Milch
60 g Kokosflocken

Zubereitung:

1. Die Äpfel schälen und vierteln. Das Kerngehäuse entfernen und die Viertel klein würfeln. Die Datteln hacken und mit den Äpfeln sowie dem Backpulver in einen Topf geben. Mit 200–250 ml heißem Wasser übergießen und einmal aufkochen lassen. Dann vom Herd nehmen und abkühlen lassen.

2. Den Backofen auf 180 °C (Umluft 160 °C) vorheizen. Die Kuchenform mit Backpapier auskleiden.

3. Die Butter mit dem Zucker und dem Vanillezucker cremig rühren. Das Ei dazugeben und alles schaumig schlagen. Die Apfel-Dattel-Mischung mitsamt dem Wasser zum Teig geben. Das Mehl hinzufügen und alles gut verrühren. Den Teig in die Backform füllen und glatt streichen.

4. Den Kuchen im Backofen auf der mittleren Schiebeleiste ca. 40 Minuten backen. Für die Kokosschicht die Butter mit dem Zucker, der Milch und den Kokosflocken in einen Topf geben. Bei geringer Hitzezufuhr unter Rühren erwärmen, bis sich der Zucker aufgelöst hat.

5. Den Kuchen aus dem Backofen nehmen und die Kokosmasse darauf verteilen. Weitere ca. 30 Minuten backen, bis er goldbraun ist. Nach der Stäbchenprobe herausnehmen und in der Form auskühlen lassen. In Stücke geschnitten servieren.

Nicht nur für Waldarbeiter

Der *Lumberjack Cake* (Holzfällerkuchen) ist aufgrund seiner festen Konsistenz gut als Proviant geeignet – ideal als süßes Gebäck zum Picknick oder als nahrhafter Nachtisch für die Mittagspause im Wald.

Apfel-Cranberry-Kuchen

Zutaten: **Für 1 Springform (Ø 24 cm)**

Für den Teig:
200 g Butter
150 g Zucker
1 Prise Salz
4 Eier
400 g Weizenmehl
2 TL Backpulver
80 ml Milch

Für den Belag:
600 g Äpfel
250 g Cranberrys
2 EL Zitronensaft
2 EL Vanillezucker
40 g Mandelblättchen

Außerdem:
Butter und Brösel für die Form

Zubereitung:

1. Den Backofen auf 180 °C (Umluft 160 °C) vorheizen. Die Springform mit Butter einfetten und mit Bröseln ausstreuen.

2. Für den Teig die Butter mit dem Zucker und dem Salz cremig rühren. Nach und nach die Eier hinzufügen und alles cremig rühren. Das Mehl mit dem Backpulver mischen und abwechselnd mit der Milch hinzufügen. Alles zu einem gleichmäßigen Teig verarbeiten. Den Teig in die Form füllen und glatt streichen.

3. Für den Belag die Äpfel schälen und vierteln. Das Kerngehäuse entfernen und die Viertel in Spalten schneiden. Die Cranberrys waschen und gut abtropfen lassen. Mit den Äpfeln, dem Zitronensaft und dem Vanillezucker vermischen und gleichmäßig auf dem Teig verteilen. Die Mandelblättchen darüberstreuen.

4. Im Backofen auf der mittleren Schiebeleiste ca. 50 Minuten backen, bis der Kuchen goldbraun ist. Nach der Stäbchenprobe aus dem Backofen nehmen. Sollte der Kuchen zu dunkel werden, kann er mit Alufolie oder einem Stück Backpapier abgedeckt werden. Den Kuchen in der Form auskühlen lassen, vorsichtig herauslösen und in Stücke geschnitten servieren.

Orangen-Apfel-Kuchen

Zutaten: Für 1 Kastenform (30 cm)

Für den Hefeteig:
450 g Weizenmehl
½ Würfel Frischhefe
180 g lauwarme Milch
20 g Zucker
90 g Butter
1 Ei

Für den Belag:
3 Äpfel
4 EL Orangensaft
2 EL Orangenlikör

Für die Streusel:
150 g Weizenmehl
60 g Zucker
½ TL gemahlener Zimt
1 – 2 TL Orangenabrieb
85 g Butter

Zubereitung:

1. Für den Teig das Mehl in eine Schüssel sieben und in die Mitte eine Mulde drücken. Die Hefe hineinbröckeln und mit 3 – 4 EL Milch sowie 2 EL Zucker zu einem Vorteig verrühren. Mit etwas Mehl vom Muldenrand bestäuben und die Schüssel abdecken. Den Vorteig ca. 15 Minuten an einem warmen Ort gehen lassen.

2. Die Butter und das Ei sowie den restlichen Zucker hinzufügen und alles mit den Händen oder den Knethaken des elektrischen Handrührgerätes kneten, bis der Teig sich vom Schüsselrand löst. Sollte er zu trocken sein, noch etwas Milch einarbeiten. Sollte er zu feucht sein, noch etwas Mehl einarbeiten. Die Schüssel zugedeckt ca. 1 Stunde an einem warmen Ort gehen lassen.

3. In der Zwischenzeit für den Belag die Äpfel schälen und mit einem Apfelausstecher das Kerngehäuse entfernen. Die Äpfel in dünne Scheiben schneiden. Mit dem Orangensaft und dem Likör vermischen.

4. Für die Streusel das Mehl mit dem Zucker, dem Zimt und der Orangenschale vermengen. Die Butter dazugeben und alles verkneten. Mit den Handflächen zu Bröseln zerreiben.

5. Den Backofen auf 200 °C (Umluft 180 °C) vorheizen. Die Kastenform mit Backpapier auskleiden. Den Hefeteig nochmals gut durchkneten, daraus einen länglichen Laib formen und in die Form legen. Den Teig nochmals 15 Minuten ruhen lassen. Die Kuchenoberfläche im Abstand von jeweils 2 cm einschneiden und mit den marinierten Apfelscheiben spicken. Den Kuchen mit den Streuseln bestreuen und im Backofen auf der mittleren Schiebeleiste ca. 45 Minuten backen. Herausnehmen und abkühlen lassen. Vorsichtig aus der Form lösen und in Scheiben geschnitten servieren.

Bananen-Äpfel-Kuchen

Zutaten: **Für 1 Pie-Form (Ø 28 cm)**

2 säuerliche Äpfel
2 Bananen
Saft von ½ Zitrone
4 Eier
1 Prise Salz
100 g Zucker
50 g Weizenmehl
2 EL Speisestärke
75 g gemahlene Mandeln

Außerdem:
75 g weiche Butter und 50 g Zucker für die Form

Zubereitung:

1. Die Backform gut mit Butter einfetten, dabei den Rand dünn und den Formboden dick einstreichen. Mit dem Zucker bestreuen.

2. Die Äpfel schälen und vierteln. Das Kerngehäuse entfernen und die Viertel in Stücke schneiden. Die Banane schälen und ebenfalls in Stücke schneiden. Beides mit Zitronensaft beträufeln, vermengen und auf dem Boden der Form nach Belieben verteilen. Den Backofen auf 200 °C (Umluft 180 °C) vorheizen.

3. Die Eier trennen. Die Eiweiße mit dem Salz steif schlagen. Die Eigelbe mit dem Zucker cremig rühren. Den Eischnee auf die Eigelbcreme geben und das Mehl mit der Speisestärke darübersieben. Ebenso die Mandeln dazugeben und alles vorsichtig unterheben. Den Teig auf das Obst geben und glatt streichen. Im Backofen auf der mittleren Schiebeleiste 35–40 Minuten backen, bis der Kuchen goldbraun ist.

4. Herausnehmen, auskühlen lassen und vorsichtig auf eine Kuchenplatte stürzen oder in der Pie-Form servieren.

Apfel-Himbeer-Kuchen

Zutaten: **Für 1 Kastenform (30 cm)**

250 g weiche Butter
150 g Zucker
1 EL Vanillezucker
5 Eier
400 g Weizenmehl
50 g Dinkelmehl
50 g Speisestärke
1 TL Backpulver
100 ml Buttermilch
250 g Himbeeren (tiefgekühlt)
2 säuerliche Äpfel

Außerdem:
Butter und Mehl für die Form

Zubereitung:

1. Den Backofen auf 200 °C (Umluft 180 °C) vorheizen. Die Kastenform mit Butter einfetten und mit Mehl ausstreuen.

2. Die Butter mit dem Zucker und dem Vanillezucker cremig rühren. Nach und nach die Eier zugeben und alles schaumig schlagen. Die beiden Mehlsorten, die Stärke und das Backpulver vermischen. Abwechselnd mit der Buttermilch hinzugeben und alles kräftig rühren.

3. Etwa ⅓ des Teigs in die Kastenform füllen, glatt streichen und mit den gefrorenen Himbeeren bestreuen. Die Äpfel schälen und vierteln. Das Kerngehäuse entfernen und die Viertel in kleine Stücke schneiden. Unter den restlichen Teig mischen, in die Form füllen und erneut glatt streichen.

4. Im Backofen auf der mittleren Schiebeleiste ca. 50 Minuten backen. Nach der Stäbchenprobe herausnehmen und auskühlen lassen. Vorsichtig aus der Form stürzen und in Scheiben schneiden. Dazu nach Belieben saure Sahne und Honig reichen.

„Kommt, von allerreifsten Früchten
mit Geschmack und Lust zu speisen!
Über Rosen lässt sich dichten,
in die Äpfel muss man beißen.“
Johann Wolfgang von Goethe

Apfelkuchen mit Walnüssen

Zutaten: **Für 1 Backblech (30 × 40 cm)**

225 g Zucker
1 Päckchen Vanillezucker
250 g weiche Butter
5 Eier
500 g Weizenmehl
1 Päckchen Backpulver
2–3 TL gemahlener Zimt
5 EL Kakao
100 ml Milch
3 säuerliche Äpfel, z. B. Granny Smith
100 g grob gehackte Walnusskerne

Zubereitung:

1. Den Backofen auf 180 °C (Umluft 160 °C) vorheizen. Den Zucker und den Vanillezucker mit der Butter cremig rühren. Nach und nach die Eier hinzufügen und alles schaumig schlagen. Das Mehl mit dem Backpulver, dem Zimt und dem Kakao mischen. Abwechselnd mit der Milch einrühren und alles zu einem glatten Teig verarbeiten.

2. Die Äpfel schälen und vierteln. Das Kerngehäuse entfernen und die Viertel raspeln. Die Apfelraspel zusammen mit den Walnusskernen unter den Teig heben.

3. Das Backblech mit Backpapier auslegen. Den Teig daraufstreichen und den Kuchen im Backofen auf der mittleren Schiebeleiste ca. 1 Stunde backen. Nach der Stäbchenprobe herausnehmen, auskühlen lassen und in Stücke geschnitten servieren.

Zu diesem Kuchen können Sie als besondere Delikatesse **Zwetschgen-Rumtopf** vorbereiten und servieren. Dazu werden 500 g Zucker in 1 l Rum aufgelöst. 2 kg gewaschene und entsteinte Zwetschgen in ein sauberes und verschließbares Gefäß legen und mit der Lösung bedecken. Kühl und dunkel mindestens 2 Wochen stehen lassen.

„Da stand mitten drin der Baum des Lebens,
und die roten Äpfel leuchteten an den Ästen.
Er kletterte an dem Stamm in die Höhe,
und wie er nach einem Apfel reichen wollte,
sah er einen Ring davor hängen."

Gebrüder Grimm: „Der Königssohn, der sich vor nichts fürchtet"

Mango-Apfel-Hörnchen

Zubereitung:

1. Den Backofen auf 220 °C (Umluft 200 °C) vorheizen. Die Backförmchen mit Öl auspinseln.

2. Die Rosinen mit dem Likör vermischen und ziehen lassen.

3. Die Mango und den Apfel schälen. Das Fruchtfleisch der Mango vom Kern lösen und in Streifen schneiden. Den Apfel vierteln und das Kerngehäuse entfernen. Die Viertel würfeln.

4. Die Eier trennen und die Eiweiße mit dem Salz steif schlagen. Die Butter mit dem Puderzucker, dem Honig und dem Vanillemark cremig rühren. Nach und nach die Eigelbe zugeben und schaumig schlagen.

5. Die Orange heiß abwaschen, trocknen und die Schale abreiben. Den Saft auspressen und mit der Orangenschale zur Eigelbcreme geben. Das Mehl mit den Mandeln darübersieben und vorsichtig unterziehen. Den Eischnee mit den Rosinen und den Früchten unterheben.

6. Den Teig in die Förmchen füllen und im Backofen auf der mittleren Schiebeleiste ca. 25 Minuten backen, bis sie goldbraun sind. Aus dem Backofen nehmen, auskühlen lassen und die Hörnchen vorsichtig aus den Förmchen lösen.

Zutaten: **Für 6–8 Hörnchen- oder Mondbackförmchen**

40 g Rosinen
2 cl Orangenlikör
1 Mango
1 Apfel
3 Eier
1 Prise Salz
150 g Butter
50 g Puderzucker
50 g Honig
Mark von 1 Vanilleschote
1 unbehandelte Orange
75 g Weizenmehl
75 g gemahlene Mandeln

Außerdem:

Pflanzenöl zum Einfetten der Backförmchen

Apfel-Beeren-Kuchen mit Marzipan-Schmand-Guss

Zubereitung:

1. Den Backofen auf 200 °C (Umluft 180 °C) vorheizen. Das Backblech mit Backpapier auslegen.

2. Für den Teig die Orange heiß abwaschen, abtrocknen und die Schale abreiben. Die Butter mit dem Zucker und dem Vanillezucker schaumig rühren. Nach und nach die Eier, die Orangenschale und das Salz hinzufügen. Den Joghurt untermischen und alles gut verrühren. Das Mehl mit dem Backpulver und den Mandeln mischen und unter die Masse heben. Den Teig auf das Backblech geben und glatt streichen.

3. Für den Belag die Äpfel waschen und schälen. Mit einem Apfelausstecher die Kerngehäuse ausstechen und die Äpfel in ca. 8 mm dicke Scheiben schneiden. Den Teig damit belegen.

4. Die Zitrone heiß abwaschen, abtrocknen und die Schale abreiben. Den Zitronensaft auspressen. Das Marzipan mit einer Gabel zerdrücken und mit der Zitronenschale sowie dem -saft glatt rühren. Den Schmand, die Eier, den Zucker, den Vanillezucker und die Stärke dazugeben und alles gut verrühren. Die Mischung auf die Äpfel geben und glatt streichen. Die Beeren verlesen und auf dem Kuchen verteilen. Mit den Mandelblättchen bestreuen und im Backofen auf der mittleren Schiebeleiste ca. 50 Minuten backen.

5. Den Kuchen nach der Stäbchenprobe aus dem Backofen nehmen, auskühlen lassen und mit Puderzucker bestäuben.

Zutaten: **Für 1 Backblech (30 × 40 cm)**

Für den Teig:
1 unbehandelte Orange
250 g weiche Butter
250 g Zucker
2 EL Vanillezucker
5 Eier
1 Prise Salz
150 g Naturjoghurt
250 g Weizenmehl
2 TL Backpulver
250 g gemahlene Mandeln

Für den Belag:
4 säuerliche Äpfel
1 unbehandelte Zitrone
200 g Marzipanrohmasse
400 g Schmand
3 Eier
50 g Zucker
2 EL Vanillezucker
2 EL Speisestärke
400 g gemischte Beeren
50 g Mandelblättchen

Außerdem:
Puderzucker zum Bestäuben

Äpfel-Preiselbeer-Kuchen

Zutaten: **Für 1 Backblech (30 × 40 cm)**

Für den Hefeteig:
300 g Weizenmehl
40 g Zucker
1 TL Zitronenabrieb
½ Würfel Frischhefe

Für den Belag:
2 große Äpfel
1 unbehandelte Zitrone
300 g Magerquark
200 ml süße Sahne
80 g Zucker
40 g Speisestärke
60 g gemahlene Haselnüsse
500 g Preiselbeeren (aus dem Glas)

Außerdem:
Butter für das Backblech
Mehl für die Arbeitsfläche und das Backblech
Puderzucker zum Bestäuben

Zubereitung:

1. Für den Teig das Mehl in eine Schüssel sieben und mit dem Zucker und dem Zitronenabrieb vermischen. Die Hefe in ca. 125 ml lauwarmem Wasser auflösen. Nach und nach zur Mehlmischung geben und alles verkneten, bis ein geschmeidiger Teig entsteht. Den Teig abdecken und ca. 1 Stunde an einem warmen Ort gehen lassen.

2. Das Backblech mit Butter einfetten und mit Mehl ausstreuen. Den Teig nochmals gut durchkneten und auf einer bemehlten Arbeitsfläche auf die Größe des Backblechs ausrollen. Den Teig auf das Backblech legen und dabei einen Rand hochdrücken. Mit einem Küchentuch abdecken und nochmals ca. 20 Minuten gehen lassen.

3. Den Backofen auf 200 °C (Umluft 180 °C) vorheizen. Für den Belag die Äpfel waschen, trocknen und das Kerngehäuse mit einem Apfelausstecher entfernen. Die Äpfel in ca. 1 cm dicke Scheiben schneiden. Die Schale der Zitrone abreiben und den Saft auspressen. Die Äpfel mit dem Zitronensaft beträufeln.

4. Den Quark mit der Sahne verrühren. Den Zucker, die Speisestärke und die Nüsse dazugeben und alles gut verrühren. Die Creme auf den Teigboden streichen. Die Apfelscheiben überlappend darauflegen. In die Löcher der Apfelscheiben jeweils etwas Preiselbeeren füllen.

5. Im Backofen auf der mittleren Schiebeleiste ca. 30 Minuten backen. Herausnehmen, auskühlen lassen und mit Puderzucker bestäuben. In Stücke geschnitten servieren.

„Gute Apfelkuchen sind ein beträchtlicher Teil
unseres häuslichen Glückes.“

Jane Austen

Äpfel-Käse-Kuchen mit Rosinen und Marzipan

Zutaten: **Für 1 Springform (Ø 24 cm)**

Für den Boden:
100 g Marzipanrohmasse
150 g Weizenmehl
50 g Zucker
1 Prise Salz
1 Ei
100 g Butter

Für den Belag:
60 g Rosinen
3 EL Rum
2 Eier
500 g Magerquark
30 g Speisestärke
50 g Zucker
2 EL Vanillezucker
1 TL Zitronenabrieb
4–5 säuerliche Äpfel
3–4 EL Zitronensaft

Außerdem:
Mehl für die Arbeitsfläche
Butter für die Form

Zubereitung:

1. Für den Boden das Marzipan reiben. Das Mehl mit dem Zucker und dem Salz mischen. Das Marzipan dazugeben und alles gut vermischen. Die Mischung auf eine Arbeitfläche häufen und in die Mitte eine Mulde drücken. Das Ei hineingeben und die Butter in Flöckchen auf dem Muldenrand verteilen. Alles mit den Händen oder mit den Knethaken des elektrischen Handrührgerätes rasch zu einem geschmeidigen Teig verkneten. Den Teig zu einer Kugel formen und im Kühlschrank ca. 1 Stunde kühlen.

2. Den Backofen auf 180 °C (Umluft 160 °C) vorheizen. Die Springform mit Butter einfetten.

3. Die Rosinen im Rum einweichen. Die Eier mit dem Quark, der Stärke, dem Zucker, dem Vanillezucker und der Zitronenschale in eine Schüssel geben und alles gut verrühren. Die Äpfel schälen und in Viertel schneiden. Vom Kerngehäuse befreien, mehrmals kreuzförmig einschneiden und mit Zitronensaft beträufeln.

4. Den Teig auf einer bemehlten Arbeitsfläche in der Größe der Springform ausrollen und die Form damit auskleiden. Die Quarkmasse auf dem Boden verteilen und glatt streichen. Die Rosinen aus dem Rum nehmen und gut ausdrücken. Die Äpfel in die Quarkmasse drücken und die Rosinen darüberstreuen. Den Kuchen mit Alufolie abdecken und im Backofen auf der mittleren Schiebeleiste 40–45 Minuten backen. Herausnehmen und auskühlen lassen. In Stücke geschnitten servieren.

„Die Männer lieben jene Frauen am leidenschaftlichsten, die es verstehen, ihnen die leckersten Dinge vorzusetzen.“

Honoré de Balzac

Apfel-Pinienkern-Kuchen

Zutaten: **Für 1 Springform (Ø 26 cm)**

1 unbehandelte Zitrone
800 g säuerliche Äpfel
80 g Pinienkerne
250 g Butter
150 g Zucker
50 g Honig
5 Eier
500 g Weizenmehl
2 TL Backpulver
100 ml Milch

Außerdem:
weiche Butter und Mehl für die Form
Puderzucker zum Bestäuben

Zubereitung:

1. Den Backofen auf 180 °C (Umluft 160 °C) vorheizen. Die Springform mit Butter einfetten und mit Mehl ausstreuen.

2. Die Zitrone heiß abwaschen und trocknen. Die Schale abreiben und den Saft auspressen. Die Äpfel schälen und vierteln. Das Kerngehäuse entfernen und die Viertel längs in dünne Scheiben schneiden. Die Äpfel mit 2 EL des Zitronensafts und den Pinienkernen mischen.

3. Die Butter mit dem Zucker, dem Honig und der Zitronenschale cremig rühren. Nach und nach die Eier dazugeben und alles schaumig schlagen. Das Mehl mit dem Backpulver vermischen und darübersieben. Unter Rühren die Milch hinzufügen und alles kräftig durchrühren, bis ein geschmeidiger Teig entsteht.

4. Die Apfel-Nuss-Mischung untermengen,den Teig in die Form füllen und glatt streichen. Im Backofen auf der mittleren Schiebeleiste ca. 1 Stunde backen. Sollte der Kuchen zu dunkel werden, kann er mit Alufolie oder einem Stück Backpapier abgedeckt werden. Nach der Stäbchenprobe den Kuchen herausnehmen und auskühlen lassen. Vorsichtig aus der Form lösen und mit Puderzucker bestäuben. In Stücke geschnitten servieren.

Apfel-Walnuss-Traum

Zutaten: **Für 1 Springform (Ø 26 cm)**

Für den Teig:
60 g weiche Butter
200 g Zucker
2 EL Vanillezucker
3 Eier
300 g saure Sahne
300 g Weizenmehl
1 TL Backpulver
50 g gemahlene Mandeln

Für den Belag:
2–3 säuerliche Äpfel
Saft von ½ Zitrone
100 g Walnusskerne
4 EL Honig
2 EL flüssige Butter

Außerdem:
Butter und Semmelbrösel für die Form
Vanilleeis zum Anrichten

Zubereitung:

1. Den Backofen auf 200 °C (Umluft 180 °C) vorheizen. Die Springform mit Butter einfetten und mit Semmelbröseln ausstreuen.

2. Für den Belag die Äpfel schälen, vierteln und das Kerngehäuse entfernen. Die Viertel in Spalten schneiden und mit dem Zitronensaft beträufeln. Die Walnüsse hacken und mit dem Honig sowie der flüssigen Butter unter die Apfelspalten mischen.

3. Für den Teig die Butter mit dem Zucker und dem Vanillezucker cremig rühren. Nach und nach die Eier sowie die saure Sahne unterrühren. Das Mehl mit dem Backpulver und den Mandeln vermischen und dazugeben. Alles zu einem glatten Teig verrühren. Den Teig in die Form füllen und glatt streichen.

4. Die Apfel-Nussmischung darauf verteilen und im Backofen auf der mittleren Schiebeleiste ca. 1 Stunde backen. Nach der Stäbchenprobe herausnehmen. Sollte der Kuchen zu dunkel werden, kann er mit Alufolie oder einem Stück Backpapier abgedeckt werden.

5. Aus dem Backofen nehmen und auskühlen lassen. Aus der Form lösen und in Stücke geschnitten servieren. Den Kuchen nach Belieben mit Vanilleeis anrichten.

Apfelkuchen mit Kokos-Baiser

Zutaten: **Für 1 Backblech (30 × 40 cm)**

Für den Teig:
250 g weiche Butter
200 g Zucker
1 Prise Salz
4 Eier
300 g Weizenmehl
2 TL Backpulver
100 g Kokosraspel
100 g gemahlene Mandeln
100 ml Milch

Für den Belag:
1 ½ kg säuerliche Äpfel
2–3 EL Zitronensaft
2 EL Rum
4 Eiweiß
1 Prise Salz
200 g Puderzucker
100 g Kokosraspel

Zubereitung:

1. Die Butter mit dem Zucker und dem Salz cremig rühren. Nach und nach die Eier dazugeben und alles schaumig schlagen. Das Mehl mit dem Backpulver, den Kokosraspeln und den Mandeln vermischen. Abwechselnd mit der Milch unterrühren, bis ein glatter Teig entstanden ist.

2. Den Backofen auf 180 °C (160 °C Umluft) vorheizen. Ein Backblech mit Backpapier auslegen. Die Äpfel schälen, vierteln und das Kerngehäuse entfernen. Die Viertel in Spalten schneiden. Mit dem Zitronensaft und dem Rum beträufeln.

3. Den Teig auf das Backblech geben und glatt streichen. Mit den Apfelspalten fächerartig belegen. Im Backofen auf der mittleren Schiebeleiste 20 Minuten backen.

4. Währenddessen die Eiweiße mit dem Salz steif schlagen. Den Puderzucker sieben und einrieseln lassen. Die Masse nochmals schlagen, bis sie fest ist. Dann die Kokosraspel unterziehen.

5. Den Kuchen aus dem Backofen nehmen und mit dem Kokos-Baiser bestreichen. Nochmals in den Backofen schieben und weitere ca. 30 Minuten backen. Herausnehmen und auskühlen lassen. In Stücke geschnitten servieren.

Apfellied

In einem kleinen Apfel,
da siehts gar niedlich aus,
es sind darin fünf Stübchen,
grad wie in einem Haus.

In jedem Stübchen wohnen
zwei Kernchen, braun und klein,
die liegen drin und träumen
vom lieben Sonnenschein.

Sie träumen auch noch weiter
gar einen schönen Traum,
wie sie einst werden hängen
am lieben Weihnachtsbaum.

Bekanntes Kinderlied

Äpfel-Grieß-Kuchen mit Rosinen

Zutaten: **Für 1 Springform (Ø 26 cm)**

Für den Hefeteig:
300 g Weizenmehl
½ Würfel Frischhefe
180–200 ml lauwarme Milch
50 g Zucker

Für den Belag:
70 g Rosinen
3 EL Rum
4–5 Äpfel, z. B. Boskop
½ TL gemahlener Zimt
½ Zitrone
4 Eier
150 ml süße Sahne
500 g Magerquark
75 g Weichweizengrieß
1 Vanilleschote
125 g Zucker

Außerdem:
Fett für die Form
Mehl für die Arbeitsfläche

Zubereitung:

1. Für den Teig das Mehl in eine Schüssel geben. In die Mitte ein Mulde drücken und die Hefe hineinbröckeln. 1 EL Milch sowie 1 TL Zucker dazugeben und zu einem Vorteig verrühren. Die Schüssel abdecken und den Vorteig an einem warmen Ort ca. 15 Minuten gehen lassen.

2. Den restlichen Zucker sowie die übrige Milch hinzufügen und alles mit den Händen oder mit den Knethaken des elektrischen Handrührgerätes zu einem geschmeidigen Teig verarbeiten. Die Schüssel abdecken und den Teig ca. 1 Stunde an einem warmen Ort gehen lassen.

3. Den Backofen auf 175 °C (Umluft 165 °C) vorheizen und die Backform mit Butter einfetten.

4. Für den Belag die Rosinen im Rum einweichen. Die Äpfel schälen und vierteln. Das Kerngehäuse entfernen und die Viertel in feine Scheiben schneiden oder hobeln. Die Apfelscheiben mit Zimt bestreuen. Den Zitronensaft auspressen, über die Äpfel geben und alles gut vermischen. Die Rosinen aus dem Rum nehmen und gut ausdrücken. 1 Ei trennen und das Eigelb mit 3 EL Sahne verrühren und beiseitestellen. Das Eiweiß mit den restlichen Eiern in einer Schüssel verquirlen. Die Rumrosinen, den Quark, den Grieß sowie die restliche Sahne hinzugeben und alles gut vermengen. Die Vanilleschote aufschneiden und das Mark herauskratzen. Zusammen mit dem Zucker in die Quarkmasse geben und nochmals alles gut durchrühren.

5. Den Teig ¼ : ¾ aufteilen. Die größere Teigmenge auf einer bemehlten Arbeitsfläche auf die Größe der Springform ausrollen und die Form damit auskleiden. Den übrigen Teig ebenfalls ausrollen und in Streifen schneiden.

6. Die Äpfel unter die Quarkmasse heben und alles auf den Teigboden streichen. Die Füllung glatt streichen und gitterartig mit den Teigstreifen belegen. Das Teiggitter mit der Eiersahne bestreichen.

7. Den Kuchen ca. 70 Minuten im Backofen auf der mittleren Schiebeleiste backen, bis er goldgelb ist. Herausnehmen, auskühlen lassen und in Stücke geschnitten servieren.

„Darum Freund, so lass dir raten:
Esse frisch, gekocht, gebraten
täglich ihrer fünf bis zehn […]
Mensch, im Apfel liegt dein Glück.“

Georg Wilhelm Otto von Ries

Apfel-Grieß-Kuchen mit Rosinen

Apfel-Käse-Kuchen mit Zwiebackboden

Zutaten: **Für 1 Springform (Ø 26 cm)**

Für den Boden:
200 g Kokos-Zwieback
120 g Butter

Für den Belag:
5 Äpfel, z. B. Boskop
2 EL Zitronensaft
4 Eier
1 kg Magerquark
160 g Zucker
1 EL Vanillezucker
1 TL Zitronenabrieb
80 g Speisestärke
1 Prise Salz

Außerdem:
4 EL Apfelgelee
Puderzucker zum Bestäuben

Zubereitung:

1. Den Backofen auf 195 °C (Umluft 175 °C) vorheizen. Die Springform mit Backpapier auslegen. Für den Boden den Zwieback in einen Gefrierbeutel geben und mit einer Teigrolle fein zerbröseln. Die Butter schmelzen und mit den Zwiebackbröseln vermengen. Die Mischung einfüllen und andrücken.

2. Für den Belag die Äpfel waschen, das Kerngehäuse entfernen und 4 der Äpfel vierteln. Den übrigen Apfel in Spalten schneiden. Die Apfelstücke mit Zitronensaft beträufeln. Die Eier trennen und die Eigelbe mit dem Quark, 150 g Zucker, dem Vanillezucker, der abgeriebenen Zitronenschale sowie der Speisestärke und den Eigelben glatt rühren. Die Eiweiße steif schlagen, den restlichen Zucker sowie das Salz einrieseln lassen. Den Eischnee unter die Quarkmasse heben.

3. Die Apfelviertel mit der gewölbten Seite nach oben auf den Kuchenboden legen. Die Quarkmasse über die Äpfel geben und glatt streichen. Die Apfelspalten auf der Quarkmasse dekorativ anordnen.

4. Im Backofen auf der mittleren Schiebeleiste ca. 1 Stunde backen. Bei Bedarf gegen Ende der Backzeit mit Alufolie oder Backpapier abdecken, um ein zu starkes Bräunen zu verhindern. Den Kuchen herausnehmen und etwas abkühlen lassen.

5. Das Apfelgelee in einem Topf erwärmen und die Äpfel auf dem noch warmen Kuchen damit bestreichen. Anschließend auskühlen lassen, aus der Form lösen und vor dem Servieren mit Puderzucker bestäuben.

Apfel-Baiser-Kuchen

Zutaten: **Für 1 Backblech (30 × 40 cm)**

Für den Teig:
500 g Weizenmehl
3 TL Backpulver
125 g Zucker
4 EL Milch
8 EL Pflanzenöl
2 Eier
250 g Magerquark

Für den Belag:
8–10 Äpfel
1 Zimtstange
1 Vanilleschote
180 g Zucker
Saft von 1 Zitrone
7 Eiweiß

Für die Streusel:
250 g Weizenmehl
150 g Zucker
150 g Butter

Außerdem:
weiche Butter für das Blech
Puderzucker zum Bestäuben

Zubereitung:

1. Für den Teig das Mehl mit dem Backpulver und dem Zucker vermischen. Die Milch und das Öl einrühren. Die Eier und den Quark hinzufügen und alles mit den Knethaken des elektrischen Handrührgerätes zu einem geschmeidigen Teig verarbeiten.

2. Den Backofen auf 180 °C (Umluft 160 °C) vorheizen. Das Backblech mit Butter einfetten. Den Teig auf einer bemehlten Arbeitsfläche ausrollen und auf das Blech legen. Für den Belag die Äpfel schälen, das Kerngehäuse entfernen und das Fruchtfleisch würfeln. Die Vanilleschote aufschneiden. Die Äpfel mit der Zimtstange, der Vanilleschote, 50 g Zucker und dem Zitronensaft aufkochen lassen und so lange köcheln, bis die Äpfel weich sind. Den Topf vom Herd nehmen, die Vanilleschote und die Zimtstange herausnehmen und das Kompott pürieren.

3. Für das Baiser die Eiweiße mit 2 EL Zucker steif schlagen. Den restlichen Zucker zugeben und weiterschlagen, bis ein glänzender, steifer Schnee entsteht. Das Apfelmus auf dem Teigboden verstreichen. Den Eischnee darübergeben und glatt streichen. Im Backofen ca. 20 Minuten backen.

4. Für die Streusel das Mehl mit dem Zucker vermischen, mit der Butter verkneten und alles zu Streuseln zerbröseln. Auf dem Kuchen verteilen und weitere 20–30 Minuten backen, bis der Kuchen goldbraun ist. Den fertigen Kuchen auskühlen lassen und mit Puderzucker bestäubt servieren.

Apfel-Bananen-Kuchen mit Baiser

Zutaten: **Für 1 Backform (ca. 20 × 25 cm)**

Für den Mürbeteig:
100 g Weizenmehl
100 g gemahlene Mandeln
1 Prise gemahlener Zimt
50 g Zucker
1 Ei
100 g kalte Butter

Für den Belag:
½ unbehandelte Zitrone
3 säuerliche Äpfel
2 Bananen
3 Eier
80 g Zucker
2 EL Vanillezucker
125 ml süße Sahne

Für das Baiser:
120 g Puderzucker
3 Eiweiß

Außerdem:
Mehl für die Arbeitsfläche
Butter und Mehl für die Form
getrocknete Hülsenfrüchte zum Blindbacken

Zubereitung:

1. Für den Teig das Mehl mit den Mandeln, dem Zimt und dem Zucker vermischen. Auf eine Arbeitsfläche häufen und in die Mitte eine Mulde drücken. Das Ei hineingeben und die Butter in Flöckchen auf dem Muldenrand verteilen. Mit den Händen rasch zu einem glatten Teig verkneten. Den Teig zu einer Kugel formen, in Frischhaltefolie wickeln und ca. 30 Minuten im Kühlschrank kühlen.

2. Den Backofen auf 200 °C (Umluft 180 °C) vorheizen. Die Backform mit Butter einfetten und mit Mehl ausstreuen. Den Teig auf einer bemehlten Arbeitsfläche etwas größer als die Form ausrollen, hineinlegen und den Rand andrücken. Mit Backpapier belegen und mit den Hülsenfrüchten beschweren. Im Backofen ca. 10 Minuten vorbacken und anschließend die Hülsenfrüchte sowie das Backpapier wieder entfernen.

3. Für den Belag die Zitrone heiß abwaschen und abtrocknen. Die Schale abreiben und den Saft auspressen. Die Äpfel schälen, das Kerngehäuse entfernen und das Fruchtfleisch in Spalten schneiden. Mit 1 EL Zitronensaft beträufeln. Die Bananen schälen und mit dem übrigen Zitronensaft pürieren. Die Eier mit dem Zucker, dem Vanillezucker und der Sahne gut verrühren. Die Bananenmasse dazugeben und alles gut vermischen.

4. Die Mischung auf dem Boden verteilen, die Apfelspalten daraufsetzen und etwas eindrücken. Im Backofen auf der mittleren Schiebeleiste ca. 40 Minuten goldbraun backen. In den letzten ca. 15 Minuten mit Alufolie abdecken, um ein zu starkes Bräunen zu verhindern. Anschließend herausnehmen und den Backofen auf Grillfunktion stellen.

5. Für das Baiser den Puderzucker sieben. Die Eiweiße zu steifem Schnee schlagen. Dabei den Puderzucker nach und nach einrieseln lassen. Weiterrühren, bis die Masse schnittfest und glänzend ist. Den Eischnee in eine Spritztüte mit Sterntülle füllen und auf den Kuchen spritzen. Im Backofen unter dem Grill 5–10 Minuten backen, bis die Baiserspitzen leicht gebräunt sind.

„Auch wenn ich wüsste, dass die Welt morgen zugrunde ginge, würde ich noch heute einen Apfelbaum pflanzen."

Franz von Assisi

Äpfel-Joghurt-Schnitten

Zutaten: **Für 1 Backblech (30 × 30 cm)**

Für den Boden:
300 g Vollkornkekse
100 g Butter
1 Prise gemahlener Zimt

Für die Creme:
6 Blatt Gelatine
2 Eiweiß
200 ml süße Sahne
500 g Naturjoghurt
300 g Magerquark
1 unbehandelte Limette
125 g Zucker
4 cl Calvados

Für den Guss:
6 Blatt Gelatine
2 grüne Äpfel, z. B. Granny Smith
500 ml Apfelsaft
grüne Lebensmittelfarbe

Zubereitung:

1. Für den Boden die Vollkornkekse in einen Gefrierbeutel geben und mit einer Teigrolle grob zerbröseln. Mit der flüssigen Butter und dem Zimt vermischen. Ein Backblech mit Backpapier auslegen, die Masse gleichmäßig darauf verteilen und glatt streichen. Das Backblech mindestens 2 Stunden kühlen und die Masse fest werden lassen.

2. Für die Creme die Gelatine in kaltem Wasser einweichen. Die Limette heiß abwaschen, abtrocknen und die Schale abreiben. Die Eiweiße und die Sahne jeweils steif schlagen. Den Joghurt mit dem Quark, der Limettenschale und dem Zucker glatt rühren. Die Gelatine ausdrücken und in warmem Calvados auflösen. Zunächst 1 – 2 EL Quarkcreme mit der Gelatine verrühren, dann die Mischung zu der Creme geben und alles gut verrühren. Das Eiweiß sowie die Sahne unterheben, alles auf den Keksboden geben und glatt streichen. Den Kuchen mindestens 2 Stunden kalt stellen.

3. Für den Guss die Gelatine in kaltem Wasser einweichen. Die Äpfel schälen, vierteln, das Kerngehäuse entfernen und das Fruchtfleisch fein würfeln. Den Saft der Limette auspressen und die Äpfel damit beträufeln. Den Apfelsaft leicht erwärmen und die ausgedrückte Gelatine darin auflösen. Die Äpfel hinzufügen und die Mischung mit Lebensmittelfarbe in beliebiger Intensität färben.

4. Den Guss etwas abkühlen lassen. Bevor die Masse zu gelieren beginnt, auf die Joghurtcreme geben. Erneut für ca. 2 Stunden kalt stellen. In Stücke geschnitten servieren.

„Kein Genuss ist vorübergehend, denn der Eindruck,
den er zurücklässt, ist bleibend.“

Johann Wolfgang von Goethe

Äpfel-Marzipan-Kuchen

Zutaten: **Für 1 Backblech (30 × 40 cm)**

Für die Marzipancreme:
3 Eigelb
40 g Zucker
20 g Speisestärke
180 g Marzipanrohmasse
300 ml süße Sahne

Für den Teig:
250 g Butter
180 g Zucker
2 EL Vanillezucker
5 Eier
1 Prise Salz
250 g Weizenmehl
1 Päckchen Backpulver
150 g gemahlene Walnusskerne
ca. 120 ml Milch

Für den Belag:
1½ kg Äpfel, z. B. Boskop
4 EL Zitronensaft
40 g Butter

Außerdem:
2 EL Zucker
80 g gehackte Walnusskerne

Zubereitung:

1. Für die Marzipancreme die Eigelbe mit dem Zucker und der Stärke in einer Schüssel verrühren. Das Marzipan fein reiben. Die Sahne in einem Topf erhitzen und das Marzipan darin unter Rühren auflösen. Vom Herd nehmen und etwas abkühlen lassen. Die Marzipansahne in einem dünnen Strahl in die Eiermischung einrühren, zurück in den Topf füllen und behutsam unter ständigem Rühren andicken lassen. Dabei nicht kochen! Die Creme in einer Schüssel etwas abkühlen lassen.

2. Den Backofen auf 180 °C (Umluft 160 °C) vorheizen. Ein Backblech mit Backpapier auslegen.

3. Für den Teig die Butter mit dem Zucker und dem Vanillezucker cremig rühren. Nach und nach die Eier und das Salz dazugeben und alles schaumig rühren. Das Mehl mit dem Backpulver und den Nüssen mischen, abwechselnd mit der Milch unterrühren und alles zu einem gleichmäßigen Teig verarbeiten. Den Teig auf dem Backblech glatt streichen und im Backofen ca. 10 Minuten backen.

4. Die Äpfel schälen und vierteln. Das Kerngehäuse entfernen, die Viertel mehrmals einschneiden und mit dem Zitronensaft beträufeln. Die Marzipancreme auf den Teigboden streichen und mit den Äpfeln belegen.

5. Den Kuchen mit Butterflöckchen bestreuen und im Backofen 30–35 Minuten backen. Herausnehmen, mit dem Zucker bestreuen und abkühlen lassen. In Stücke schneiden und mit gehackten Walnüssen bestreut servieren.

„Die Königin der Backrezepte
ist die Fantasie."
Sprichwort

Apfel-Marzipan-Kuchen mit Karamellsoße

Zutaten: **Für 1 Springform (Ø 26 cm)**

Für den Mürbeteig:
200 g Weizenmehl
75 g Zucker
1 Prise Salz
1 Ei
140 g Butter

Für den Belag:
800 g Äpfel
Saft von 1 Zitrone
120 g gehackte Walnusskerne
3 EL Rum
½ TL gemahlener Zimt
80 g Zucker
100 g Marzipanrohmasse
3 Eier
80 g Butter
50 g Zucker
1 Prise Salz
60 g Puderzucker
120 g Weizenmehl

Für die Karamellsoße:
140 g Zucker
40 g Butter
220 ml süße Sahne

Außerdem:
Mehl für die Arbeitsfläche
Butter für die Form
Puderzucker zum Bestäuben
Schlagsahne nach Belieben

Zubereitung:

1. Für den Teig das Mehl mit dem Zucker und dem Salz mischen. Auf eine Arbeitsplatte häufen und in die Mitte eine Mulde drücken. Das Ei hineingeben und die Butter in Flöckchen auf dem Muldenrand verteilen. Alles rasch zu einem geschmeidigen Teig verkneten, zu einer Kugel formen und in Frischhaltefolie gewickelt ca. 30 Minuten im Kühlschrank kühlen.

2. Den Backofen auf 180 °C (Umluft 160 °C) vorheizen und die Springform mit Butter einfetten. Für den Belag die Äpfel schälen, das Kerngehäuse entfernen und die Äpfel in dünne Scheiben schneiden. Mit dem Zitronensaft, den Nüssen, dem Rum, dem Zimt sowie dem Zucker vermischen.

3. Den Teig auf einer bemehlten Arbeitsfläche ausrollen und die Form damit auskleiden. Die Apfelmischung gleichmäßig auf dem Boden verteilen, das Marzipan fein reiben und darübergeben.

4. Die Eier trennen. Die Butter mit dem Zucker cremig rühren. Die Eigelbe dazugeben und alles schaumig rühren. Die Eiweiße mit dem Salz steif schlagen, nach und nach den Puderzucker einrieseln lassen und weiterschlagen, bis die Masse glänzt und Spitzen zieht. Das Mehl über die Eigelbmasse sieben und vorsichtig unterrühren. Den Eischnee unterziehen und die Masse auf den Äpfeln verteilen. Den Kuchen 50–60 Minuten backen. Herausnehmen und auskühlen lassen.

5. Für die Karamellsoße den Zucker mit der Butter in einer Pfanne schmelzen und karamellisieren. Mit der Sahne ablöschen und den Karamell vom Boden losrühren. Alles dickflüssig einkochen lassen. Die Soße in eine Schüssel füllen und abkühlen lassen.

6. Den abgekühlten Kuchen mit Puderzucker bestreuen und in Stücke schneiden. Mit der Karamellsoße und nach Belieben mit Schlagsahne angerichtet servieren.

„Es ist besser, zu genießen und zu bereuen, als zu bereuen, dass man nicht genossen hat.“

Giovanni Boccaccio

Äpfel-Schokoladen-Kuchen

Zutaten: **Für 1 Kastenform (25 cm)**

170 g Zartbitter-kuvertüre
225 g Weizenmehl
3 TL Backpulver
40 g Speisestärke
2 Äpfel
1–2 EL Zitronensaft
150 g weiche Butter
80 g Zucker
2 EL Vanillezucker
3 Eier
1 Prise Salz

Außerdem:
Butter und Mehl für die Form

Zubereitung:

1. Den Backofen auf 180 °C (Umluft 160 °C) vorheizen. Die Kuchenform mit Butter einfetten und mit Mehl ausstreuen.

2. Die Kuvertüre in kleine Stückchen hacken und mit dem Mehl, dem Backpulver sowie der Stärke vermischen. Die Äpfel schälen, fein raspeln und mit dem Zitronensaft beträufeln.

3. Die Butter mit dem Zucker und dem Vanillezucker cremig rühren, bis der Zucker nicht mehr knirscht (ca. 5 Minuten). Nach und nach die Eier und das Salz dazugeben und alles schaumig schlagen. Die Mehlmischung und die Äpfel hinzufügen und mit einem Löffel unterrühren.

4. Den Teig in die Form füllen und im Backofen auf der mittleren Schiebeleiste ca. 1 Stunde backen. Anschließend noch ca. 15 Minuten im ausgeschalteten Backofen ruhen lassen. Herausnehmen, etwas auskühlen lassen und vorsichtig aus der Form lösen. In Stücke geschnitten servieren.

Zutaten:

Für 1 Pie-Form (Ø 26 cm)

400 g Blätterteig
(aus dem Kühlregal)
200 g brauner Zucker
1 kg säuerliche Äpfel
Saft von ½ Zitrone
50 g gemahlene Mandeln
2 TL gemahlener Zimt

Außerdem:
Butter für die Form

Blätterteig-Pie mit Äpfel-Karamell

Zubereitung:

1. Die Pie-Form mit Butter einfetten. Den Blätterteig 3–4 mm dick ausrollen, einen Kreis (Ø ca. 36 cm) ausschneiden und die Form damit auslegen. Die Ränder sollten leicht überhängen. Aus den Teigresten ca. 2 cm breite Streifen ausschneiden.

2. In einem Topf 60 g braunen Zucker mit 60 ml Wasser aufkochen lassen und unter gelegentlichem Rühren karamellisieren lassen. Von der Herdplatte nehmen und abkühlen lassen.

3. Den Backofen auf 200 °C (Umluft 180 °C) vorheizen. Die Äpfel schälen und vierteln. Das Kerngehäuse entfernen und die Viertel in feine Scheiben schneiden. Mit dem Zitronensaft beträufeln und mit den Mandeln, 100 g braunem Zucker und dem Zimt vermischen. Die Äpfel in die Pie-Form füllen und mit den Teigstreifen gitterartig belegen. Die Ränder des Bodens einschlagen und wellenförmig andrücken. Den Kuchen mit dem Karamell bestreichen und mit dem restlichen Zucker bestreuen.

4. Im Backofen ca. 50 Minuten backen. Kurz vor Ende der Backzeit den Grill zuschalten. Den Kuchen aus dem Backofen nehmen und noch warm servieren.

Apfel-Nougat-Streuselkuchen

Zutaten: **Für 1 Backblech (30 × 40 cm)**

Für den Teig:
150 g weiche Butter
150 g Zucker
100 g Apfelmus
1 Prise Salz
5 Eier
250 g Weizenmehl
2 TL Backpulver
200 g gemahlene Haselnüsse
ca. 80 ml Milch

Für den Belag:
800 g rotschalige Äpfel
Saft von ½ Zitrone
300 g Nougat
40 g gehobelte Haselnüsse

Für die Streusel:
200 g Weizenmehl
100 g Zucker
150 g Butter

Außerdem:
Butter und Mehl für das Backblech

Zubereitung:

1. Den Backofen auf 180 °C (Umluft 160 °C) vorheizen. Das Backblech mit Butter einfetten und mit Mehl bestreuen.

2. Für den Teig die Butter mit dem Zucker, dem Apfelmus und dem Salz cremig rühren. Nach und nach die Eier dazugeben und alles schaumig schlagen. Das Mehl mit dem Backpulver und den Haselnüssen vermischen und abwechselnd mit der Milch zügig unterrühren. Den Teig auf das Blech geben und glatt streichen.

3. Für den Belag die Äpfel waschen und vierteln. Das Kerngehäuse entfernen und die Viertel in Stücke schneiden. Mit dem Zitronensaft beträufeln. Den Nougat in Würfel schneiden.

4. Für die Streusel das Mehl mit dem Zucker mischen. Die Butter in kleinen Stückchen dazugeben und alles mit den Handflächen zu Streuseln verarbeiten. Die Streusel locker mit den Apfelstücken, dem Nougat und den gehobelten Haselnüssen vermengen und gleichmäßig auf dem Teig verteilen.

5. Den Kuchen im Backofen auf der mittleren Schiebeleiste ca. 50 Minuten backen, bis er goldbraun ist. Herausnehmen, auskühlen lassen und in Stücke geschnitten servieren.

„Alternde Frauen sollten bedenken,
dass ein Apfel nichts von seinem Wohlgeschmack verliert,
wenn ein paar Fältchen die Schale kräuseln.“

Auguste Brizeux

Apfel-Cidre-Kuchen

Zutaten: **Für 1 Tarte-Form (ca. Ø 26 cm)**

Für den Mürbeteig:
200 g Weizenmehl
60 g Zucker
1 Prise Salz
1 Ei
125 g Butter

Für den Belag:
5 Äpfel, z. B. Boskop
2–3 EL Zitronensaft
400 g Magerquark
1 Eigelb
50 g Puderzucker
50 ml Cidre
1 EL Speisestärke
2–3 EL Mandelblättchen

Außerdem:
Mehl für die Arbeitsfläche
Butter für die Form
nach Belieben Schlagsahne

Zubereitung:

1. Für den Teig das Mehl mit dem Zucker und dem Salz mischen. Auf eine Arbeitsfläche häufeln und in die Mitte eine Mulde drücken. Das Ei hineingeben und die Butter in Flöckchen auf dem Muldenrand verteilen. Alle rasch zu einem geschmeidigen Teig verarbeiten und zu einer Kugel formen. In Frischhaltefolie wickeln und ca. 30 Minuten im Kühlschrank kühlen.

2. Den Backofen auf 180 °C (Umluft 160 °C) vorheizen. Die Tarte-Form mit Butter ausfetten. Die Äpfel waschen und vierteln. Das Kerngehäuse entfernen und die Viertel in Spalten schneiden. Mit dem Zitronensaft beträufeln. Den Quark mit dem Eigelb und dem Puderzucker verrühren. Den Cidre und die Speisestärke dazugeben und alles gut durchrühren.

3. Den Teig auf einer bemehlten Arbeitsfläche etwas größer als die Tarte-Form ausrollen. Die Form damit auskleiden und dabei einen Rand formen.

4. Die Quarkcreme auf den Kuchenboden geben und glatt streichen. Die Apfelspalten fächerartig darauf verteilen und mit den Mandelblättchen bestreuen.

5. Im Backofen auf der mittleren Schiebeleiste ca. 40 Minuten backen, bis der Kuchen goldbraun ist. Herausnehmen, noch lauwarm in Stücke schneiden und servieren. Nach Belieben mit Schlagsahne anrichten.

„Ein Kompromiss, das ist die Kunst,
einen Kuchen so zu teilen,
dass jeder meint, er habe
das größte Stück bekommen."

Ludwig Erhard

Bratapfelkuchen mit Calvados

Zutaten: **Für 1 Tarte-Form (ca. Ø 32 cm)**

Für den Mürbeteig:
250 g Weizenmehl
75 g Zucker
1 Prise Salz
1 Ei
150 g Butter

Für den Belag:
10–12 Äpfel
2 EL Honig
200 ml Calvados
Saft von 1 Zitrone
150 g Johannisbeergelee
2 EL Semmelbrösel
3 Eiweiß
90 g Zucker

Außerdem:
Mehl für die Arbeitsfläche
Puderzucker zum Bestäuben

Zubereitung:

1. Für den Teig das Mehl mit dem Zucker und dem Salz mischen und auf eine Arbeitsfläche häufeln. In die Mitte eine Mulde drücken und das Ei sowie 2–3 EL Wasser hineingeben. Die Butter in Flöckchen auf dem Muldenrand verteilen. Alles rasch zu einem geschmeidigen Teig verarbeiten und zu einer Kugel formen. Den Teig in Frischhaltefolie wickeln und ca. 30 Minuten im Kühlschrank kühlen.

2. Die Äpfel schälen und mit einem Apfelausstecher das Kerngehäuse ausstechen. Die Äpfel in eine flache Form stellen. Den Honig mit dem Calvados und dem Zitronensaft verrühren, über die Äpfel träufeln und ca. 10 Minuten ziehen lassen. Dann abtropfen lassen und den aufgefangenen Calvados in einen Topf geben. Bei geringer Hitzezufuhr etwas einkochen. Vom Feuer nehmen, etwas abkühlen lassen und mit dem Gelee vermischen.

3. Den Backofen auf 180 °C (Umluft 160 °C) vorheizen. Die Form mit Butter einfetten.

4. Den Teig auf einer bemehlten Arbeitsfläche in der Größe der Form ausrollen. Den Teig in die Form legen und dabei einen Rand formen. Den Boden mit den Semmelbröseln bestreuen und die Äpfel daraufsetzen. Das Calvados-Gelee jeweils in die ausgehöhlte Mitte der Äpfel füllen.

5. Die Eiweiße mit 2 EL Zucker steif schlagen, dann den restlichen Zucker dazugeben und zu einem glänzenden Schnee schlagen. Auf die Äpfel geben und gleichmäßig verstreichen. Im Backofen auf der mittleren Schiebeleiste ca. 45 Minuten goldbraun backen. Mit Puderzucker bestäubt servieren.

Der Bratapfel

Kinder, kommt und ratet,
was im Ofen bratet!
Hört, wie's knallt und zischt.
Bald wird er aufgetischt,
der Zipfel, der Zapfel, der Kipfel,
der Kapfel, der gelbrote Apfel.
Kinder, lauft schneller,
holt einen Teller,
holt eine Gabel!
Sperrt auf den Schnabel
für den Zipfel, den Zapfel,
den Kipfel, den Kapfel,
den goldbraunen Apfel!
Sie pusten und prusten,
sie gucken und schlucken,
sie schnalzen und schmecken,
sie lecken und schlecken
den Zipfel, den Zapfel,
den Kipfel, den Kapfel,
den knusprigen Apfel.

Volksgut

Apfel-Eierlikör-Kuchen

Zutaten: Für 1 Backblech (30 × 40 cm)

Für den Hefeteig:
500 g Weizenmehl
½ Würfel Frischhefe
120 g Zucker
200 ml lauwarme Milch
75 g Butter
1 Prise Salz
1 Ei

Für den Belag:
150 ml Milch
100 ml süße Sahne
2 Eigelb
2 EL Speisestärke
2 EL Vanillezucker
175 ml Eierlikör
1 ½ kg säuerliche Äpfel
2 EL Zitronensaft
50 g Mandelblättchen

Außerdem:
Mehl für die Arbeitsfläche
Puderzucker zum Bestäuben

Zubereitung:

1. Das Mehl in eine Schüssel sieben und eine Mulde hineindrücken. Die Hefe hineinbröckeln. 2 EL Zucker und die Milch dazugeben und daraus einen Vorteig herstellen. Die Schüssel abdecken und den Vorteig ca. 15 Minuten gehen lassen. Die Butter schmelzen. Den restlichen Zucker, das Salz, das Ei und die Butter dazugeben und alles zu einem geschmeidigen Teig verarbeiten. Den Hefeteig zugedeckt an einem warmen Ort etwa 45 Minuten gehen lassen.

2. Für die Creme die Milch mit der Sahne, den Eigelben, der Stärke und dem Vanillezucker in einem Topf verquirlen und unter ständigem Rühren aufkochen lassen. Vom Herd nehmen, unter weiterem Rühren 120 ml Eierlikör einfließen lassen und abkühlen lassen.

3. Die Äpfel waschen und vierteln. Das Kerngehäuse herausschneiden und die Viertel in dünne Spalten schneiden. Mit dem Zitronensaft beträufeln.

4. Den Backofen auf 180 °C (Umluft 160 °C) vorheizen. Das Backblech mit Backpapier auslegen. Den Teig auf einer bemehlten Arbeitsfläche noch mal kräftig durchkneten. Den Teig auf die Größe des Backblechs ausrollen und dabei einen kleinen Rand formen. Den Boden mit der Eierlikörcreme bestreichen und dachziegelartig mit den Apfelspalten belegen. Mit den Mandeln bestreuen und im Backofen auf der mittleren Schiebeleiste ca. 40 Minuten backen. Den Kuchen aus dem Backofen nehmen und auskühlen lassen. Vor dem Servieren mit dem restlichen Eierlikör beträufeln, mit Puderzucker bestäuben und in Stücke geschnitten servieren.

„Manch schöne Frau hat das Welken männlicher Liebe durch ihre Kunst, pikante Leckerbissen herzustellen, zu verhindern gewusst."

Guy de Maupassant

Mandel-Apfel-Kuchen mit Rosmarin

Zutaten: **Für 1 Springform (Ø 26 cm)**

180 g weiche Butter
160 g Zucker
2 EL Vanillezucker
4 Eier
1 Prise Salz
200 g Weizenmehl
2 TL Backpulver

160 g gemahlene Mandeln
½ TL frisch gehackter Rosmarin
120 ml Milch
5 Äpfel, z. B. Boskop
2 EL Zitronensaft

2 EL gehobelte Mandeln
4 EL Aprikosenkonfitüre
1 EL Rosmarinnadeln

Außerdem:
Butter und Mehl für die Form
nach Belieben Vanilleeis

Zubereitung:

1. Den Backofen auf 180 °C (Umluft 160 °C) vorheizen. Die Springform mit Butter einfetten und mit Mehl ausstreuen.

2. Die Butter mit dem Zucker und dem Vanillezucker cremig rühren. Nach und nach die Eier und das Salz dazugeben und alles schaumig rühren. Das Mehl mit dem Backpulver, den Mandeln und dem gehackten Rosmarin mischen. Abwechselnd mit der Milch hinzufügen und alles zu einem gleichmäßigen Teig verarbeiten. Den Teig in die Form füllen und glatt streichen.

3. Die Äpfel schälen und halbieren. Das Kerngehäuse entfernen und die Wölbung der Äpfel blättrig einschneiden. Die Äpfel mit Zitronensaft beträufeln, mit der Wölbung nach oben auf dem Teig verteilen und leicht eindrücken. Im Backofen auf der mittleren Schiebeleiste ca. 50 Minuten backen. Nach der Stäbchenprobe herausnehmen.

4. Den Kuchen abkühlen lassen. Die gehobelten Mandeln in einer antihaftbeschichteten Pfanne ohne Fett kurz anrösten und die Konfitüre in einem Topf leicht erwärmen. Den Kuchen mit der Konfitüre bestreichen. Mit den Mandelblättchen und den Rosmarinnadeln bestreuen und trocknen lassen. Aus der Form lösen, auf einer Kuchenplatte anrichten und in Stücke geschnitten servieren. Nach Belieben Schlagsahne oder Vanilleeis dazu reichen.

„Die Welt gehört dem, der sie genießt.“
Giacomo Leopardi

Rosmarin-Apfel-Kuchen mit Toffee-Sirup

Zutaten: **Für 1 Springform (Ø 24 cm)**

Für den Kuchen:
1 kg säuerliche Äpfel
220 g Butter
80 ml Apfelsaft
1 TL Zitronenabrieb
1 EL frisch gehackter Rosmarin
200 g Zucker
4 Eier
150 g Sauerrahm
400 g Weizenmehl
2 TL Backpulver

Für den Sirup:
2 Zweige Rosmarin
100 g Honig

Außerdem:
Butter und Mehl für die Form

Zubereitung:

1. Die Äpfel schälen und vierteln. Das Kerngehäuse entfernen und die Viertel in Spalten schneiden. 4 EL Butter in einer großen Pfanne schmelzen und die Äpfel darin 2–3 Minuten andünsten. Dann den Apfelsaft, den Zitronenabrieb und den Rosmarin dazugeben und ca. 8 Minuten offen garen, bis die Flüssigkeit verdampft ist. Anschließend vom Herd nehmen.

2. Den Backofen auf 200 °C (Umluft 180 °C) vorheizen. Die Springform mit Butter einfetten und mit Mehl ausstreuen. Für den Teig die restliche Butter mit dem Zucker cremig rühren. Nach und nach die Eier dazugeben und alles schaumig schlagen. Dann den Sauerrahm unterziehen. Das Mehl mit dem Backpulver mischen und hinzufügen, alles rasch verquirlen.

3. Etwa die Hälfte der Äpfel unter den Teig heben und alles in die Form füllen. Die übrigen Äpfel darauf verteilen. Im Backofen auf der mittleren Schiebeleiste ca. 1 Stunde backen. Nach der Stäbchenprobe herausnehmen, auskühlen lassen und aus der Form lösen.

4. Für den Sirup den Rosmarin in 100 ml Wasser ca. 10 Minuten leicht köcheln lassen. Dann herausnehmen und den Honig einrühren. Für weitere ca. 3 Minuten dickflüssig einköcheln lassen und vom Herd nehmen. Den Kuchen mit dem heißen Sirup beträufeln und nach Belieben mit Rosmarin garniert servieren. Den übrigen Sirup separat dazu reichen.

„Danke Gott erst
für das Brot, bevor
du um Kuchen bittest."
Sprichwort

Apfel-Muffins

Zutaten: Für 12 Stück

Für die Muffins:
2 säuerliche Äpfel
2 EL Zitronensaft
150 g Weizenmehl
2 TL Backpulver
1 TL Natron
80 g gemahlene Mandeln
½ TL Salz
1 TL gemahlener Zimt
2 Eier
170 g brauner Zucker
150 ml Pflanzenöl
100 g Naturjoghurt

Für die Creme:
200 g Mascarpone
3–4 EL süße Sahne
2–3 EL Apfelsaft
½ TL gemahlener Zimt
1 EL Vanillezucker

Außerdem:
Puderzucker zum Bestäuben

Zubereitung:

1. Den Backofen auf 200 °C (Umluft 180 °C) vorheizen. 12 Papierförmchen in die Mulden der Muffin-Backform stellen.

2. Die Äpfel schälen und vierteln. Das Kerngehäuse entfernen und die Viertel fein raspeln. Mit dem Zitronensaft beträufeln.

3. Das Mehl mit dem Backpulver und dem Natron vermischen. Die Mandeln, das Salz und den Zimt dazugeben und alles gut vermengen. Die Eier in einer weiteren Schüssel mit dem Zucker schaumig schlagen, bis der Zucker nicht mehr knirscht. Das Öl und den Joghurt unterrühren. Die Apfelraspel und die Mehlmischung hinzufügen und mit einem Löffel nur so lange verrühren, bis alle Zutaten feucht sind.

4. Den Teig in die Förmchen füllen und im Backofen auf der mittleren Schiebeleiste ca. 30 Minuten backen, bis die Muffins goldbraun sind. Nach der Stäbchenprobe herausnehmen und kurz abkühlen lassen. Dann zum vollständigen Auskühlen auf ein Kuchengitter setzen.

5. Für die Creme den Mascarpone mit der Sahne, dem Apfelsaft, dem Zimt und dem Vanillezucker schaumig schlagen. Über die Muffins träufeln und mit Puderzucker bestäubt servieren.

Apfelkekse

Zutaten: **Für ca. 30 Stück**

100 g getrocknete Apfelringe
220 g Weizenmehl
1 TL Backpulver
½ TL Natron
80 g kernige Haferflocken
120 g zarte Haferflocken
½ TL gemahlener Zimt
1 Prise Salz
150 g weiche Butter
180 g brauner Zucker
2 Eier

Außerdem:
Puderzucker

Zubereitung:

1. Die getrockneten Äpfel in kleine Stücke schneiden. Das Mehl mit dem Backpulver und dem Natron mischen. Die Haferflocken, den Zimt und das Salz hinzufügen und alles gut vermengen. Die Butter mit dem Zucker cremig rühren. Nach und nach die Eier hinzufügen und alles schaumig schlagen. Die Haferflockenmischung zugeben und unterkneten. Den Teig zu einer ca. 30 cm langen Rolle formen. In Frischhaltefolie wickeln und ca. 1 Stunde im Kühlschrank kühlen.

2. Den Backofen auf 180 °C (Umluft 160 °C) vorheizen. Zwei Backbleche mit Backpapier auslegen. Etwas Puderzucker auf einen kleinen Teller sieben. Den Teig mit einem scharfen Messer in ca. 1 cm dicke Scheiben schneiden. Die Scheiben im Puderzucker wenden und die Kekse auf die Bleche legen.

3. Im Backofen auf der mittleren Schiebeleiste 10–12 Minuten backen, bis die Kekse goldbraun sind. Anschließend mit dem Papier auf ein Kuchengitter ziehen und auskühlen lassen.

Apfelschnitten mit Mandelblättchen

Zutaten: **Für 4 Portionen**

2 säuerliche Äpfel
½ unbehandelte Zitrone
40 ml Calvados
2 EL Honig
1 Msp. gemahlener Zimt
40 g gehobelte Mandeln
200 g Frischkäse
2 EL Puderzucker
250 ml süße Sahne
1 Päckchen Sahnesteif
16 Butterkekse

Zubereitung:

1. Die Äpfel schälen und vierteln. Das Kerngehäuse entfernen und die Viertel würfeln. Die Schale der Zitrone abreiben und den Saft auspressen. Die Äpfel in einen Topf geben und den Calvados, den Zitronensaft, die Zitronenschale, den Honig und den Zimt dazugeben. Alles kurz aufkochen lassen, dann von der Herdplatte nehmen und auskühlen lassen.

2. Die gehobelten Mandeln in einer antihaftbeschichteten Pfanne ohne Fett kurz anrösten, bis sie goldbraun sind.

3. Den Frischkäse mit dem Puderzucker cremig rühren. Die Sahne mit dem Sahnesteif steif schlagen und unter die Frischkäsemasse ziehen.

4. Auf eine Platte dicht nebeneinander 4 Kekse legen und mit etwa ¼ der Creme bestreichen. ¼ der Äpfel möglichst ohne Flüssigkeit daraufgeben. Wieder eine Schicht Kekse darauflegen, leicht andrücken und so fortfahren, bis alle Zutaten aufgebraucht sind. Mit der Creme und etwas Apfelmasse abschließen, die Ränder glatt streichen und mit den gerösteten Mandeln bestreuen. Bis zum Servieren kalt stellen. Mit einem scharfen Messer in Stücke schneiden und servieren.

„Kuchens Wert recht zu bemessen,
musst du selber davon essen.“

Jüdisches Sprichwort

Apfeltörtchen

Zutaten: **Für 8 Törtchen**

Für die Törtchen:
180 g Vollkornkekse
100 g flüssige Butter
300 g weiße Schokolade
350 g Sahnequark
200 g Magerquark
30 g Puderzucker
2 EL Vanillezucker
2–3 EL klarer Apfelsaft

Für den Guss:
200 ml klarer Apfelsaft
½ TL Zitronenabrieb
1 EL Zucker
2 kleine Äpfel, rot und grün
1 Päckchen klarer Tortenguss

Zubereitung:

1. Ein Brett oder ein Blech mit Backpapier auslegen. 8 Backringe (Ø ca. 8 cm) daraufsetzen. Die Kekse in einen Gefrierbeutel geben und mit einer Teigrolle zerbröseln. Die Butter schmelzen, dazugeben und alles verkneten. Den Krümelteig auf die Backringe verteilen und gut andrücken. Die Formen im Kühlschrank kühlen.

2. Die Schokolade grob hacken, im Wasserbad schmelzen und abkühlen lassen. Den Quark mit dem Puderzucker, dem Vanillezucker und dem Apfelsaft cremig rühren. Die Schokolade unterheben, die Masse in die Förmchen füllen und glatt streichen. Mit Frischhaltefolie abdecken und ca. 5 Stunden, am besten über Nacht, im Kühlschrank kühlen.

3. Für den Guss den restlichen Apfelsaft mit der Zitronenschale und dem Zucker in einen Topf geben. Die Äpfel waschen und vierteln. Das Kerngehäuse entfernen und das Fruchtfleisch möglichst klein würfeln. In den Saft geben und zusammen mit dem Tortenguss unter Rühren aufkochen lassen. Etwas abkühlen lassen und auf die Törtchen verteilen. Im Kühlschrank ca. 15 Minuten kühlen, bis der Guss fest ist. Die Törtchen aus den Förmchen lösen und servieren.

„Essen ist ein Bedürfnis,
Genießen eine Kunst.“
François de La Rochefoucauld

Register

Genehmigte Lizenzausgabe
EDITION XXL GmbH
Fränkisch-Crumbach 2014
www.edition-xxl.de

Idee und Projektleitung:
Sonja Sammüller
Layout, Satz und Umschlaggestaltung:
design cat GmbH

ISBN (13) 978-3-89736-183-6
ISBN (10) 3-89736-183-3

Bildnachweis:

picture-alliance:
StockFood/Bauer Syndication 29; StockFood/Bender, Uwe 39; StockFood/Castilho, Rua 36-37, 51; StockFood/Deimling-Ostrinsky, Achim 24; StockFood/Eising Studio - Food Photo & Video 16, 27, 41, 46-47, 49, 50, 55, 59, 77, Cover back (3); StockFood/és-cuisine 38; StockFood/Finley, Marc O. 69; StockFood/Food Experts Group 15, 43, 65, Cover back (2); StockFood/Garlick, Ian 45; StockFood/Great Stock! 73; StockFood/Hay, John 19; StockFood/Heinze, Winfried 33; StockFood/Hoffmann, Matthias 13; StockFood/Lerner, Danny 32; StockFood/Lister, Louise 35; StockFood/Newedel, Karl 23, 57, 60, 63, Cover front; StockFood/Provost, Jordan 61; StockFood/Schardt, Wolfgang 10, 11; StockFood/Studio Schiermann 67; StockFood/Teubner Foodfoto GmbH 53; StockFood/Urban, Martina 17; StockFood/Walger, Nadja 25; StockFood/Wissing, Michael 74, 75, 79; StockFood/Zabert Sandmann Verlag/Kramp-Gölling 21; StockFood/Zogbaum, Armin 71; StockFood/Zouev, Tanya 44

Shutterstock:
Africa Studio 6/Alexey Vl B 56–73/AlinaMD 14/Andrew Burgess 76/anemad 4/AnjelikaGr 31/Anna Kucherova 6/Anna Paff 74–79/ARENA Creative 9/asimjp 28, 36/Balinda 5/Bariskina Cover Front, 1, 11–14, 16–25, 28–31, 33–41, 43–45, 48–50, 53–63, 65, 69, 71–74, 76–79/Christopher Elwell 9/colorvsbw 7/Depiano Cover Front, Cover Back, 28–41/EMprize 6/Eugenia Struk 64/gourmetphotography 9/Graeme Dawes Cover Front, Cover Back/hoverfly 7, 9, 12, 14, 18, 47, 67/Irina Fischer 4/Iryna Melnyk 23/Jamie Roach 5/Jiri Hera 6/JOAT 7/joephotostudio 54/Katariina Järvinen 5/Ksju 9/Laitr Keiows 5/Levent Konuk 8, 14/Louella938 7/Lucy Liu 34/Magdalena Kucova 2/MaraZe 8/marco mayer 5/MARGRIT HIRSCH 6/Maria Zarichnaya 68/Melica 9/Microstock Man 30/mythja 3/nexus 7 75/Nikiparonak 4, 8/nito 34/Olinchuk 8/Paul Koomen 5/Pawika Tongtavee 70/percom 7/Peredniankina 8/picturepartners 5/Pim 10–27, 42–55/pinkyone 2/pnDl 2/Salvatore Chiariello 9/Shlapak Liliya 4, 8/Simon Booth 40/Steve Heap 37, 42/sunshineinlove 78/vvoe 62